ADAC Reiseführer

Leipzig

Museen · Kirchen · Cafés · Shopping
Parks · Ausflüge · Hotels · Restaurants

Die Top Tipps führen Sie zu den Highlights

von Gabriel Calvo Lopez-Guerrero
und Sabine Tzschaschel

Intro

Unterwegs

RKSCHAU

Südliche Innenstadt – Repräsentation und Kulturerbe 90

Im Süden Leipzigs– Kriegergedenken und Landschaftsparks 102

Ausflüge ins Umland – Neuseenland und Muldetal 110

1 Tag in Leipzig/ 1 Wochenende in Leipzig 143

Leserforum

Die Meinung unserer Leserinnen und Leser ist wichtig, daher freuen wir uns von Ihnen zu hören. Wenn Ihnen dieser Reiseführer gefällt, wenn Sie Hinweise zu den Inhalten haben – Ergänzungs- und Verbesserungsvorschläge, Tipps und Korrekturen –, dann kontaktieren Sie uns bitte:

Redaktion ADAC Reiseführer
Travel House Media GmbH
Grillparzerstr. 12, 81675 München
adac.reisefuehrer@travel-house-media.de

Leipzig Kaleidoskop

Karten und Pläne

□ Service

Leipzig multimedial erleben

Mit Ihrem Smartphone, Tablet-PC oder Computer können Sie viele Sehenswürdigkeiten Leipzigs nun auch in bewegten Bildern erleben. Ergänzt wird das multimediale Angebot durch Hörstücke voller Hintergrundinformationen über die sächsische Metropole.

1

Im Buch finden Sie bei ausgewählten Sehenswürdigkeiten QR Codes sowie Internet-Adressen.

Reise-Video: Leipzig
QR-Code scannen oder dem Link folgen:
www.adac.de/rf0026

2

Öffnen Sie den QR Code-Scanner auf Ihrem Handy und scannen Sie den Code. Gut geeignet sind Apps wie barcoo oder Scanlife.

3

Die meisten Apps schlagen Ihnen nun ein Programm zum Öffnen von Film oder Audio-Feature vor. Das iPhone startet sie automatisch. Am flüssigsten laufen die Filme bei einer WLAN- oder 3G-Verbindung.

4

Sollten Sie kein Smartphone besitzen, dann nutzen Sie bitte die neben dem QR Code stehende Internet-Adresse.

Bitte beachten Sie, dass beim Aufruf der Filme und Audio-Features über das Handy Kosten bei Ihrem Mobilfunkanbieter entstehen können. Im Ausland fallen Roaming-Gebühren an.

Leipzig Impressionen

Vom musikalischen Wohllaut einer Messe- und Bücherstadt

Messestadt, Universitätsstadt, Bach- und Buchstadt – Leipzig trägt viele ehrenvolle Beinamen. Und tatsächlich hat die sächsische Metropole mindestens ebenso viele Facetten: Die Stadt an der Pleiße verfügt über ein reiches Kulturangebot und weitläufige Gründerzeitviertel, trumpft auf mit Buchmesse und Bachfest, Universitäten und dem Gewandhausorchester.

Handel und Wandel ›Unter den Linden‹

Leipzigs Geschichte beginnt im frühen Mittelalter. Im 11. Jh. erwähnt eine Urkunde erstmals die Siedlung **Urbs Libzi**, ›Unter den Linden‹. Ein kaufmännischer Geist muss den Leipzigern quasi in die Wiege gelegt worden sein. Denn schnell wuchs der Ort dank seiner günstigen Lage an der Kreuzung der wichtigen mitteleuropäischen Handelswege *Via imperii* und *Via regia* zum Markt heran. Das kaiserliche Messeprivileg von 1497 beflügelte das Wirtschaftsleben noch mehr, das geistige Leben der folgenden Jahrhunderte war aufgeschlossen, da von Protestantismus und der Universität bestimmt.

Hier spielt die Musik

Das Leipziger Handelsbürgertum leistete sich schon früh den Luxus der **Schönen Künste**. Johann Sebastian Bach und Philipp Telemann gehörten zu den Großen der Musik, die in der wohlhabenden Messestadt lebten und arbeiteten, später waren es Felix Mendelssohn Bartholdy und Robert Schumann, Albert Lortzing und Gustav Mahler. Der **Thomanerchor**

und das Große Concert des **Gewandhausorchesters** bringen noch heute die Kompositionen dieser Meister zu Gehör. Oper, Theater und mehrere Museen bieten seit dem 18. und 19. Jh. Abwechslung vom merkantilen Alltag. Trotz knapper

Kassen leistet sich die Stadt all diese kulturellen Einrichtungen bis heute – sehr zur Freude ihrer Bürger und Gäste.

Auch das **Festivaljahr** bietet einen bunten Reigen, vom Acapella- und Bachfest über das Dokfilmfestival bis zum Sommertheater im **Gohliser Schlösschen**, von der Schumann-Festwoche zu den Mendelssohn-Festtagen, vom Jazzfestival zu Open-Air-Events auf der Parkbühne. Ein weiteres Großereignis ist **Leipzig liest** während der Buchmesse.

Wendegeschichten

Dass es in Leipzig wieder Raum für Kreativität gibt, haben die Leipziger nicht zuletzt ihrem eigenen Mut zu verdanken.

Oben: *Herzlich willkommen – einladend weite Hallen der Leipziger Messe*
Mitte: *Weltberühmt für glockenhelle Knabenstimmen – Thomanerchor*
Links: *Leipzigs Innenstadt zwischen Neuem Rathaus (li.) und City-Hochhaus (re.)*

Denn eines der Epizentren der Friedlichen Revolution in der DDR war die Leipziger **Nikolaikirche**. Im Herbst 1989 erwuchsen aus den allwöchentlichen Friedensgebeten erst kleine, bald große Demonstrationen. Schließlich waren es über 100 000 Menschen, die ihren Protestzug über den breiten Cityring führten und sich zur Schlusskundgebung am **Augustusplatz** versammelten – für Fortschritt, Demokratie und schließlich auch die deutsche Einheit. Sowohl an die finsteren Zeiten der DDR-Diktatur als auch an den Mut der Leipziger erinnern das **Museum in der ›Runden Ecke‹** und das **Zeitgeschichtliche Forum**.

Messetrubel und Leseleidenschaft

Genau wie die Schönen Künste befruchtet der Handel in Leipzig seit jeher auch die Literatur. Am Ende des 19. und zu Beginn des 20. Jh. avancierte Leipzig nämlich zur wichtigsten **Buchstadt** Europas. Rund 140 Verlage waren hier ansässig, dazu unzählige grafische Betriebe, Druckereien, Buchbindereien, Buchhandlungen und Antiquariate. Auch wenn nach dem Zweiten Weltkrieg viele Unternehmen in den Westen abwanderten, blieb doch viel kreative Energie erhalten. Professoren und ehemalige Studenten der Leipziger Hochschule für Buchkunst und Design bilden ein Netzwerk, dessen Fäden in der **Alten Baumwollspinnerei** zusammenlaufen. Hier reiht sich eine Vernissage an die nächste, Designer arbeiten neben Buchdruckern, Malern und Kunsthandwerkern. Mit etwas Glück trifft man sogar auf einen der Stars der Neuen Leipziger Schule um Neo Rauch. Gezeigt werden seine Werke in der Galerie Eigen & Art, die sich ebenfalls auf dem Gelände der Alten Baumwollspinnerei befindet.

Andere Orte für frischen Kunstgenuss sind die Moritzbastei und die **Galerie für Zeitgenössische Kunst**. In letzterer kann der geneigte Besucher sogar übernachten – ein inspirierendes Erlebnis.

Neues Leben für alte Fabriken

Ein alter Spruch besagt, dass in Sachsen ›der Reichtum in Chemnitz erarbeitet, in Leipzig vermehrt und in Dresden ausgegeben‹ werde. Und so ist in Leipzig, der Stadt der Reichtumsvermehrung, die lange Industrie- und Handelstradition allgegenwärtig. Von der *Brandenburger Brücke* etwa blickt man über Schornsteine, alte Fabrikgebäude und aufgelassene Lokschuppen auf das 200 m breite Schienenband, das auf den gründerzeitlichen **Hauptbahnhof** zuläuft. Zur Bauzeit war er der größte Kopfbahnhof Europas. Und die lange Industriegeschichte wirkt bis heute fort. Seit den 1990er-Jahren haben Porsche und BMW ihre Werke immer weiter ausgebaut, und die Deutsche-Post-Tochter DHL betreibt am Leipziger Flughafen ihr internationales Drehkreuz.

Längst hat man den Reiz der Industriearchitektur aus rotem und gelbem Klinker auch in den Außenbezirken entdeckt. Ein altes Gasometer wurde als **Asisi-Panometer** für Panoramabilder nutzbar gemacht und die **Buntgarnwerke** wurden zu mondänen Lofts, die bereits erwähnte **Alte Baumwollspinnerei** zu Ateliers umgebaut.

Wo Fleiß, Kommerz und Kunst so eng beeinander liegen, darf auch gefeiert und getafelt werden. Entsprechend groß ist die Zahl der **Szenekneipen** und ele-

Links: *Shopping und Sightseeing enden häufig in einem der Straßencafés*
Oben: *Ein Affenleben im Leipziger Zoo; ›Schafe mit Schwimmhilfen‹ von Ulf Puder im Museum der Bildenden Künste (Mitte); Eine Büste von Johann Sebastian Bach empfängt Gäste in der Nikolaikirche (unten)*
Unten: *Sternstunden der Musik werden im Gewandhaus zelebriert*

ganten **Restaurants**, so etwa entlang des von Industrieanlagen gesäumten Karl-Heine-Kanals. Dort genießt der Gast je nach Gusto internationale Küche oder lokale Spezialitäten wie das berühmte **Leipziger Allerlei**.

Noch mehr Gelegenheiten, das in Leipzig vermehrte Geld auch auszugeben, bieten die Geschäfte in den prächtig restaurierten historischen Messehäusern. In **Strohsack-** oder **Mädlerpassage**, dem **Handelshof** oder **Specks Hof** regt ein buntes Warenangebot zu einem unterhaltsamen Shoppingbummel an.

Es ist ein klein Paris ...

Das Goethe-Zitat ›Mein Leipzig lob' ich mir! Es ist ein klein Paris und bildet seine Leute‹ aus dem ›Faust‹ macht noch immer die Runde. Die Worte des frechen Studenten, ausgerufen vor teuflischem Besuch in **Auerbachs Keller**, waren wohl ironisch gemeint. Aber selbst wenn die Pleißestadt den Vergleich mit Paris bis heute nicht so ganz aufnehmen kann,

Oben: *Frische Flitzer werden auf der Leipziger Automobilmesse gezeigt*
Links: *Die Russische Gedächtniskirche erinnert an Gefallene der Völkerschlacht 1813*
Rechts oben: *Leipzigs Einkaufspassagen wie hier Specks Hof lohnen bei jedem Wetter*
Rechts Mitte: *Schöne der Nacht – hell erleuchtetes Opernhaus am Augustusplatz*
Rechts unten: *Treffen auf der Grünen Wiese – das Rosental ist bei Jung und Alt beliebt*

fühlte sich der jugendliche Student *Johann Wolfgang Goethe* der Überlieferung nach hier ausgesprochen wohl. Er vertiefte sich nur ungern in Lehrbücher und sprach viel lieber den fröhlichen Seiten des Universitätslebens zu.

Auch die aktuelle **Studentengeneration** schätzt das abwechslungsreiche Flair der Stadt, die sie liebevoll ›LE‹ nennt. Dazu tragen die Karl-Liebknecht-Straße als Kneipenmeile der bunten **Südvorstadt** ebenso bei wie der **Drallewatsch** in der Innenstadt und die **Gottschedstraße** im Schauspielviertel.

Raum für Spiel und Spaß im Freien bietet die Gegend rund um das **Neuseenland**. An künstlichen Seen kann man Baden und Surfen, auf einem Wildwasserkanal Kanu fahren oder ausgedehnte Fahrradtouren durch frisches Grün unternehmen. Unmittelbar an die City grenzen der Landschaftsgarten **Rosental** sowie der **Clara-Zetkin-Park** mit seiner Parkbühne zwischen alten Bäumen.

Reise-Video:
Leipzig
QR-Code scannen [s.S.5]
oder dem Link folgen:
www.adac.de/rf0026

Geschichte, Kunst, Kultur im Überblick

Von Chören und Kaufleuten, Theologen und Komponisten

um 700 n. Chr. Westslawische, sorbische Bauern gründen am Zusammenfluss von Pleiße, Weißer Elster und Parthe die Siedlung ›Lipzk‹.

930 König Heinrich I. der Sachse erobert und christianisiert das altsorbische Siedlungsgebiet zwischen Saale und Elbe.

1015 Der Chronist Bischof Thietmar von Merseburg erwähnt ›Urbs Libzi‹.

1165 Markgraf Otto der Reiche von Meißen verleiht Leipzig das Stadt- und Marktrecht. Die Nikolaikirche wird dem Patron der Kaufleute geweiht.

1212 Markgraf Dietrich der Bedrängte von Meißen stiftet das Augustiner-Chorherrenstift St. Thomas, Kaiser Otto IV. bestätigt es noch im selben Jahr. Zum Stift gehört ein Knabenchor, der erstmals 1254 als Thomanerchor erwähnt wird.

1216 Die Bürgerschaft Leipzigs lehnt sich wegen Eingriffen in Stadtangelegenheiten gegen Markgraf Dietrich auf. Dieser überfällt und verwüstet die Stadt und lässt drei Zwingburgen anlegen, darunter die alte Pleißenburg.

1230 Gründung des Paulinerklosters der Dominikaner am Grimmaischen Tor.

1268 Durch das markgräfliche Geleitschutzprivileg wird Leipzig zum sicheren Fernhandelsplatz, der damals bereits mit einer Stadtmauer gesichert ist. Es entstehen Oster- und Michaelismarkt, die Vorläufer späterer Messen.

1273 Die Stadt erhält das Münzrecht.

1380 Das erste Leipziger Stapelrecht wird erlassen, das durchreisende Kaufleute verpflichtet, ihre Waren eine bestimmte Zeit lang in der Stadt anzubieten.

1409 Gründung der Leipziger Universität durch 46 deutsche Magister und 369 Studenten, die ihre bisherige Universität in Prag aus Protest gegen ihre Diskriminierung im Rahmen der tschechisch-nationalen Bewegung verlassen.

1458 Die bis 1904 bestehende Neujahrsmesse wird als dritte jährliche Messe in Leipzig eingeführt.

1481 Der Wanderdrucker Marcus Brandis druckt für die Dominikaner das erste Buch in Leipzig, einen Kommentar zur Apokalypse.

1485 Leipziger Teilung zwischen Kurfürst Ernst und Herzog Albrecht. Leipzig fällt dem Albertinischen Sachsen zu. – Kunz Kachelofen richtet die erste feste Druckerei in der Stadt ein.

1492 Erstmalig sind auswärtige Buchhändler auf den Leipziger Messen nachweisbar. Die Angermühle stellt das erste Papier in Leipzig her.

1497 Kaiser Maximilian I. verleiht das Messeprivileg, das die drei Leipziger Märkte bestätigt und ihre Dauer auf je acht Tage festlegt sowie die Einrichtung neuer Märkte in den umliegenden Bistümern verbietet.

1498 Die Tuchmacher bauen am Neumarkt das Gewandhaus, ihr Innungs- und Messehaus.

1500 Silberfunde im Erzgebirge bringen großen Wohlstand in die Region. Leipzig hat um die 8000 Einwohner.

1507 Das zweite kaiserliche Messeprivileg erhebt die Leipziger Messen zu Reichsmessen und dehnt das Markt- und Stapelrecht der Stadt auf 15 Meilen (= 112 km) im Umkreis aus.

1508 Herzog Georg verleiht der Stadt die Gerichtsbarkeit.

1514 Papst Leo X. bestätigt das Messeprivileg.

1519 Vom 27. Juni bis 15. Juli findet in der Pleißenburg die Leipziger Disputation zwischen Martin Luther und Andreas Karlstadt auf der einen und dem Theologieprofessor Johann Eck auf der anderen Seite statt.

1521 In Leipzig ergeht ein Verbot bezüglich der Schriften Luthers.

1535 Heinrich Stromer von Auerbach, Kaufmann und Rektor der Universität, baut

Über Glaubensfragen diskutieren Luther und Eck bei der Leipziger Disputation 1519

Leipzig im 17. Jh. zeigt ein zeitgenössischer Stich von Werner (Stadtarchiv Leipzig)

das Wohn- und Handelshaus ›Auerbachs Hof‹.

1539 Martin Luther predigt in der Thomaskirche. Einführung der Reformation im Albertinischen Sachsen.

1544 Nach der Auflösung des Paulinerklosters schenkt Herzog Moritz das Gebäude der Universität.

1547 Während der Belagerung Leipzigs im Schmalkaldischen Krieg durch den sächsischen Kurfürsten Johann Friedrich wird u. a. die Pleißenburg zerstört.

1549 Hieronymus Lotter erneuert die Pleißenburg.

1556 Hieronymus Lotter erbaut in neun Monaten das Alte Rathaus am Marktplatz.

1618–48 Im Dreißigjährigen Krieg belagern und besetzen zunächst 1631 kaiserliche Truppen die Stadt, nach wechselndem Kriegsglück folgen 1642 acht Jahre lang die Schweden.

1632 König Gustav Adolf von Schweden fällt in der Schlacht von Lützen bei Leipzig gegen die kaiserlichen Truppen Wallensteins.

1646 Gottfried Wilhelm Leibniz, der große Universalgelehrte des 17. Jh. wird in Leipzig geboren.

1655 Der Philosoph Christian Thomasius wird in Leipzig geboren.

1650 In Leipzig gibt Timotheus Ritzsch die erste Tageszeitung der Welt heraus.

1678–87 Bau der Handelsbörse am Naschmarkt.

1687 Christian Thomasius kündigt an der Universität die erste Vorlesung in deutscher Sprache an und muss nach harten Auseinandersetzungen mit Verfechtern der lateinischen Sprache Leipzig verlassen.

1700 Die Stadt hat gut 25 000 Einwohner. Vor den Stadttoren wachsen die Vorstädte, zwischen ihnen werden barocke Bürgergärten angelegt, die heute jedoch alle zerstört sind.

1719 Bernhard Christoph Breitkopf gründet den ersten Musikverlag.

1720 Mit der Eröffnung des Lokals Coffe Baum wird das Kaffeetrinken in Sachsen populär.

1723 Johann Sebastian Bach übernimmt das Amt des Thomaskantors.

1730 Johann Christoph Gottsched, der Reformator des deutschen Theaters, übernimmt die Professur für Dichtkunst an der Leipziger Universität.

1743 Das ›Große Concert‹, Vorläufer des Gewandhausorchesters, spielt erstmals im Gasthaus Drey Schwanen am Brühl.

1754 Johann Gottlieb Immanuel Breitkopf erfindet bewegliche Notenlettern und den Notentypendruck.

1755/56 Der Kaufmann Caspar Richter lässt sich im Dorf Gohlis eine schlossartige Residenz, das Gohliser Schlösschen, erbauen.

1756 Ausbruch des Siebenjährigen Krieges. Preußen unter Friedrich dem Großen besetzt Leipzig.

1764 Gründung der Leipziger Kunstakademie. Ihr erster Direktor ist Adam Friedrich Oeser.

1765–68 Der junge Johann Wolfgang Goethe studiert in Leipzig Rechtswissenschaft und Poetik. In dieser Zeit kehrt er auch in Auerbachs Keller ein, den er später in seinem ›Faust‹ literarisch verewigt.

1770 Beginn des Abbruchs der Stadtmauer. Die Stadtgräben werden sukzessive

Vielseitig interessiert – der berühmte Leipziger Gottfried Wilhelm Leibniz (1646–1716)

verfüllt und entlang ihrem Verlauf der Promenadenring angelegt.

1780 Erscheinen der ersten Fachzeitschrift für den Buchhandel.

1780/81 Johann Carl Friedrich Dauthe baut im ersten Stock im Haus der Tuchmacher einen Musiksaal ein. 1781 zieht das ›Große Concert‹ dort ein und gibt am 25. November sein erstes Konzert. Bald kennt man das Ensemble als Gewandhausorchester.

1785 Friedrich Schiller verbringt den Sommer in Gohlis bei Leipzig und beginnt dort, die ›Ode an die Freude‹ zu schreiben.

1789 Wolfgang Amadeus Mozart gibt Klavierkonzerte im Gewandhaus.

1800 Leipzig hat 32 000 Einwohner.

1806 In den Befreiungskriegen wehren sich europäische Mächte gegen die Hegemonie Frankreichs. Napoleon schlägt mit 42 000 Mann in Leipzig sein Hauptquartier auf.

1813 Vom 16. bis 19. Oktober findet bei Leipzig die Völkerschlacht statt. Dabei schlagen die verbündeten Preußen, Russen, Schweden und Österreicher den französischen Kaiser entscheidend. Napoleon flieht, der mit ihm verbündete sächsische König Friedrich August I. wird in Leipzig verhaftet. – Der berühmte Opernkomponist Richard Wagner wird in Leipzig geboren.

Felix Mendelssohn Bartholdy (1809–1847) wird im Jahr 1835 Gewandhauskapellmeister

1820 Friedrich Arnold Brockhaus schließt die Herausgabe der 2. Auflage seines ›Conversations-Lexicon oder kurz gefasstes Handwörterbuch...‹ in zehn Bänden ab.

1825 Gründung des Börsenvereins der Deutschen Buchhändler.

1830 Stadterweiterungen nach Westen, die Friedrich- und die Marienvorstadt entwickeln sich zu Standorten des Buchgewerbes.

1831 Nach Abbruch des Grimmaischen Tors wird der Augustusplatz angelegt.

1834 Robert Schumann gibt die ›Neue Zeitschrift für Musik‹ heraus.

1835 Felix Mendelssohn Bartholdy wird Gewandhauskapellmeister.

1839 Inbetriebnahme der ersten Fernbahnstrecke Sachsens zwischen Leipzig und Dresden.

1843 Felix Mendelssohn Bartholdy gründet das ›Königliche Conservatorium der Musik‹, die erste Musikhochschule Deutschlands.

1854 Der Rechtsanwalt und Industrielle Karl Heine kauft weite Gebiete um das Dorf Plagwitz westlich von Leipzig auf und erschließt diese mit Eisenbahnstichstrecken und einem Kanal als Industriegebiet.

1857 Max Klinger, Maler, Radierer und Bildhauer, wird in Leipzig geboren.

1863 50 Jahre nach der Völkerschlacht lässt der Schriftsteller Theodor Apel an allen wichtigen Frontabschnitten Gedenksteine aufstellen, insgesamt 46. – Ferdinand Lassalle gründet in Leipzig den Allgemeinen Deutschen Arbeiterverein.

1870 Die Stadt überschreitet die 100 000 Einwohner-Marke.

1884 Einweihung des Neuen Concerthauses (Gewandhaus) im Musikviertel.

1890 Die Einwohnerzahl Leipzigs steigt auf mehr als 350 000.

1895 Die Handelsmesse wandelt sich zur industriellen Mustermesse, die spezielle Ausstellungsmöglichkeiten erfordert. Deshalb wird die Leipziger Innenstadt bald vollständig umgebaut und es entstehen zahlreiche repräsentative Messehäuser.

1896 Eröffnung des ersten, alten Grassimuseums (heute Stadtbibliothek).

1899 Nach Abbruch der Pleißenburg Bau des Neuen Rathauses an ihrer Stelle.

Nach der für ihn verlorenen Völkerschlacht flieht Napoleon im Oktober 1813 überstürzt aus Leipzig

1989 erreichen die Leipziger Montagsdemonstrationen ihren Höhepunkt

1900 Grundsteinlegung zum Völkerschlachtdenkmal. – Gründung des Deutschen Fußballbunds (DFB).
1905 Einweihung des Neuen Rathauses. Leipzig hat 500 000 Einwohner.
1912 Gründung der Deutschen Bücherei. Das Buchgewerbe blüht, in der Stadt sind 982 Verlage und Sortimentsbuchhandlungen ansässig, außerdem 300 Druckereien und Setzereien, 173 Buchbindereien und 298 Grafische Anstalten.
1913 100-Jahr-Feier der Leipziger Völkerschlacht und Einweihung des Völkerschlachtdenkmals.
1915 Einweihung des gemeinsamen sächsischen und preußischen Leipziger Hauptbahnhofs, des größten Kopfbahnhofs Europas.
1920 Die Technische Messe wird zur ständigen Einrichtung.
1924 Der Mitteldeutsche Rundfunk (MDR) sendet erstmals aus Leipzig.
1929 Einweihung des Neuen Grassimuseums am Johannisplatz.
1931 Mit 719 000 Einwohnern erreicht Leipzig den Höhepunkt seiner Bevölkerungsentwicklung.
1938 Reichspogromnacht: Zwölf der 13 Leipziger Synagogen werden zerstört.
1943 In der Nacht vom 3. auf den 4. Dezember legen Luftangriffe der Engländer und Amerikaner große Teile Leipzigs in Schutt und Asche, weitere verheerende Angriffe folgen im Februar 1944 und 1945.
1945 Am 18. April erreichen US-amerikanische Panzer die Stadt. Am 2. Juli löst sie die Rote Armee ab.
1949 Im Osten Deutschlands entsteht in der Sowjetischen Besatzungszone die Deutsche Demokratische Republik (DDR), eine sozialistische Volksrepublik nach sowjetischem Modell.
1952 Die Verwaltungsreform der DDR macht Leipzig mit knapp 500 000 Einwohnern zur Bezirksstadt.
1960 Das Neue Opernhaus wird eingeweiht.
1968 Sprengung der Universität und der spätgotischen Paulinerkirche, statt dessen Universitätsneubau.
1981 Zum 200-jährigen Bestehen des Gewandhausorchesters wird das Neue Gewandhaus eingeweiht.
1982 Beginn der Montagsgebete mit nur einer Handvoll Menschen in der Nikolaikirche.
1989 Etwa eine halbe Million Montagsdemonstranten fordern Frieden und politische Veränderungen. Und die friedliche Revolution hat Erfolg: Am 9. November fällt die Mauer in Berlin, die DDR öffnet ihre Grenzen.
1990 Am 3. Oktober tritt die DDR der Bundesrepublik Deutschland bei. Im folgenden Jahrzehnt verliert Leipzig wegen der katastrophalen Wirtschaftslage rund 70 000 Einwohner.
1996 Einweihung der Neuen Messe im Norden Leipzigs.
1999 Erstmalig findet auch die Buchmesse auf dem Neuen Messegelände statt und verlässt damit ihren angestammten City-Standort.
2002 Porsche nimmt die Fertigung in Leipzig auf.
2004 Das Internationale Olympische Komitee lehnt Leipzig als Olympiastadt 2012 ab. – Einweihung des Museums der Bildenden Künste.
2005 Das neue BMW-Werk öffnet seine Pforten. – Christian Führer, bis 2008 Pastor der Leipziger Nikolaikirche, und Michail Gorbatschow, der ehem. Präsident der Sowjetunion, erhalten den Augsburger Friedenspreis für ihre ›Friedensbereitschaft und Bereitschaft zur Gewaltlosigkeit…‹.
2006 Das Zentralstadion ist einer der Austragungsorte der Fußball-WM.
2008 Die Posttochter DHL eröffnet ihr europäisches Drehkreuz für Luftfracht am Flughafen Leipzig/Halle.
2012 Ein Skandal um den Verkauf angeblich herrenloser Grundstücke erschüttert Leipzig. Seit 1999 hatte das Rechtsamt dem Verkauf von mehreren Hundert Liegenschaften zugestimmt, ohne nach den Besitzern oder Erben zu suchen. Häufig wurden die Grundstücke schon wenige Tage später zu deutlich höheren Preisen weitergereicht. Entsprechend nahe liegt der Korruptionsverdacht. Drei leitende Beamte werden suspendiert.
2013 Im Dezember wird der Citytunnel eröffnet. Regionalbahnen können die Innenstadt nun der Länge nach unterqueren.

Imposante Bürger- und Messehäuser prägen die Altstadt im Ausgehviertel Drallewatsch

Unterwegs

Leipzigs Innenstadt – zwischen Bach und Messe

In der Innenstadt bestimmen seit jeher Geschäfte und Märkte das Bild, außerdem locken Restaurants, Bars und Cafés. Architektonisch herrschen Bauten aus der großen Zeit der Innenstadtmesse um 1900 und aus der Moderne vor. Dadurch wirkt das Zentrum sehr großzügig, wie am **Markt**, um den sich historische Gebäude wie das **Alte Rathaus** und moderne Bauten wie die **Marktgalerie** reihen. Nur ein Katzensprung ist es vom Markt zu Leipzigs berühmten Einkaufspassagen: **Barthels Hof** im Norden, südwärts **Petershof**, **Mädler-** oder **Messehofpassage**, im Osten **Specks Hof**. Fast jeder Schritt offenbart Geschichte: Da findet man die als Wirkungsstätte *Johann Sebastian Bachs* berühmte **Thomaskirche** neben imposanten alten Messehäusern wie dem **Reichshof**, schreitet über den großzügigen Augustusplatz, atmet die bewegende Atmosphäre der **Nikolaikirche**, besucht das **Stadtgeschichtliche** oder das **Ägyptische Museum**. Und nicht zu vergessen der **Drallewatsch**, das Kneipen- und Ausgehviertel, das sich quer durch die City zieht und in dem man bummelnd eine von Leipzigs vergnüglichen Seiten kennen lernen kann.

1 Markt

TOP TIPP *Seit mehr als 700 Jahren Herz der Messestadt.*

Bus 89 Markt

Der Marktplatz ist das vitale Zentrum Leipzigs. Er ist Teil der ausgedehnten Fußgängerzone und nur wenige Hundert Meter vom Bahnhof entfernt. Eine Tiefgarage befindet sich unter einem der Kaufhäuser am Platz. An sonnigen Tagen ist fast jeder Tisch vor den Cafés besetzt, zweimal wöchentlich deckt man sich auf dem Bauernmarkt (Di, Fr) mit Spezialitäten aus der Region ein. Groß ist auch das Angebot der hiesigen Dependancen internationaler Modeketten.

Geschichte Handel und Wandel prägen Leipzigs Marktplatz seit dem Mittelalter. Denn hier kreuzten sich die beiden wichtigsten **Handelswege** Europas. Die Via Regia verband Paris mit Kiew, die Via Imperii Skandinavien mit dem Mittelmeer. Durchziehende Kaufleute machten in Leipzig Station, boten ihre Waren anderen Händlern an und deckten sich mit neuen

Oben: *Musikkneipe und Café in einem: das Spizz am Leipziger Markt*
Links: *Den Marktplatz dominiert das Alte Rathaus im Stil der Renaissance*

Produkten ein. Häufig sprangen Leipziger Kaufleute als Mittelsmänner ein, verdienten ein Vermögen und konnten sich so repräsentative Handelshäuser mit Innenhöfen zum Verladen der Waren leisten.

Im 19. Jh. wurden die mittelalterlichen Bauten am Markt durch große Messehäuser ersetzt [s. S. 72]. Es gab eigene Häuser für Porzellan, Eisenwaren oder Lederprodukte. Erst als die Leipziger Messe 1996 in den Norden der Stadt zog, verloren sie ihre Funktion. Inzwischen haben Geschäfte und Büros die Bauten bezogen.

Besichtigung Markantestes Gebäude am Markt ist das **Alte Rathaus** [Nr. 2], das fast seine gesamte Ostseite einnimmt. Im Norden begrenzt die **Alte Waage** den Platz. Hier wogen Beamte der Stadt einst orientalische Gewürze, russische Felle und venezianisches Geschmeide und berechneten den für diese Güter zu entrichtenden Zoll. Hinter der Renaissancefassade mit Treppengiebel und Sonnenuhr verbirgt sich freilich ein Neubau der

In der Ratsstube in Leipzigs Altem Rathaus versammelten sich die Patrizier der Stadt

1960er-Jahre. Das Original von 1555 wurde im Zweiten Weltkrieg völlig zerstört. Mittlerweile verkauft unter den verglasten Arkaden Burger King seine Hamburger.

Die anderen Häuser auf der Nordseite des Marktes tragen noch ihre ursprünglichen Renaissancefassaden. Wem der Sinn nicht nach Fast Food steht, kann im **Restaurant Weinstock** (Nr. 7, Tel. 03 41/ 14 06 06 06, www.restaurant-weinstock-leipzig.de) ganz links einkehren.

Jenseits der Hainstraße, auf der Westseite des Marktes, beeindruckt die neobarocke Fassade von **Barthels Hof** [Nr. 4]. Jenseits des Barfußgässchens folgt die **Marktgalerie**. Der Shoppingcenter-Neubau von 2005 scheint aus mehreren schmalen Häusern zu bestehen, ist in Wirklichkeit aber ein einziger Baukörper. Zumindest äußerlich wurde so die kleinteilige Bebauung des Marktes aus dem Mittelalter wiederhergestellt, allerdings in den kantigen Formen des 21. Jh. Mit der Durchgangspassage zur Klostergasse griff der Architekt ein weiteres typisches Leipziger Gestaltungselement auf.

An der Südseite des Marktes steht an der Ecke zur Petersstraße das **Messehaus am Markt** (Markt 16). Die Stahlskelettkonstruktion entstand 1963 und war der erste Messehaus-Neubau in Leipzig nach dem Zweiten Weltkrieg. Seine in den 00er-Jahren vorgeblendete Rasterfassade ist allerdings typisches 21. Jh. Im Erdgeschoss residiert mit Zara einer der großen Modefilialisten.

Nur der reich verzierte Erker passt zum hochtrabenden Namen des **Königshauses** (Markt 17) nebenan. Es war bis ins 19. Jh. das Gästehaus der Stadt Leipzig. Hier nahm der Kurfürst von Sachsen Quartier, wenn er in Leipzig war, hier trafen sich am 19. Oktober 1813 König Friedrich August I. von Sachsen und der französische Kaiser Napoleon letztmals nach ihrer Niederlage in der Völkerschlacht. Durch die Passage im Haus kommt man übrigens auf schnellstem Wege zur noblen Mädlerpassage [Nr. 21] mit Auerbachs Keller.

Audio-Feature: Markt
QR-Code scannen [s.S.5] oder dem Link folgen: www.adac.de/rf0018

2 Altes Rathaus – Stadtgeschichtliches Museum Leipzig

Modern und anschaulich präsentierte Stadtgeschichte in den historischen Räumen des Alten Rathauses.

Altes Rathaus und Neubau
Markt 1 und Böttchergässchen 3
Tel. 03 41/965 13 20 und 96 51 30
www.stadtgeschichtliches-museum-leipzig.de
Di–So/Fei 10–18 Uhr
Bus 89 Markt und Reichsstraße

Das prächtige, 90 m lange Alte Rathaus nimmt die Ostseite des Marktplatzes ein. Im Arkadengang aus rotem Porphyrtuff im Erdgeschoss sind nette **Geschäfte** und **Cafés** versammelt. Da gibt es ein Antiquariat (www.graphikantiquariat-koenitz.de) und einen Porzellanhändler (www.bodo-zeidler.de) sowie das Restaurant Altes Rathaus (www.dasalterathaus-leipzig.de). Im Inneren des Rathauses macht das Stadtgeschlichtliche Museum mit der Historie Leipzigs vertraut.

Der repräsentative Bau wurde 1556 in nur neun Monaten errichtet. Die Legende will es, dass Bürgermeister *Hieronymus Lotter* (1497–1580) es im Stil der *sächsischen Renaissance* entwarf – wahrscheinlich überwachte der Machtmensch an

der Stadtspitze aber nur akribisch die Bauarbeiten. Charakteristisch sind die lang gestreckte Form mit 24 Fensterachsen und die sechs verspielten Zwerchgiebel an der Längsseite sowie der asymmetrische achteckige Uhrturm über dem von zwei ionischen Säulen flankierten Hauptaufgang. Über dem Eingangsbogen sind zwei Figuren zu sehen, die wohl den Architekten und seinen Gehilfen Paul Speck darstellen.

Zu Beginn des 20. Jh. war das Alte Rathaus für die rapide wachsende Industriestadt zu klein geworden. Es wurde ein Neues Rathaus [Nr. 12] gebaut und das Alte Rathaus 1909 zum Stadtmuseum umfunktioniert.

Eine schmale Steintreppe führt vom Tordurchgang direkt in den prächtigen, 53 m langen und 11 m breiten **Festsaal**. Früher diente der gewaltige Raum mit seiner Holzkassettendecke als Ratsdiele, also als Sitzungsort der Leipziger Patrizier. Erster Blickfang in seiner Mitte ist das 25 m^2 große *Stadtmodell* des Tischlers Johann Christoph Merzdorf aus dem Jahr 1823. Akribisch bildete er Häuser, Gassen und Kirchen seiner Heimatstadt nach. Einiges wird der moderne Betrachter wiedererkennen – viel mehr fiel Modernisierungsschüben und Kriegen zum Opfer.

An den Saalwänden ist das achtteilige geschnitzte *Gestühl* der Ratsherren aufgereiht. Über den Sitzen sind *Porträts* von Leipziger Stadtrichtern aus der Zeit von 1632–1831 eingelassen. Die Wände darüber zieren 22 ganzfigurige *Porträts* früher sächsischer Herrscher.

In der angrenzenden kleineren **Ratsstube** vervollständigen acht weitere Bilder diese Herrschergalerie. Bei dem Schriftstück auf dem Tisch der Stube handelt es sich um Johann Sebastian Bachs Dienstvertrag als Thomaskantor und Stadtmusikdirektor von 1723.

Der **Rundgang** durch das Stadtgeschichtlichen Museums beginnt auf der anderen Seite des Festsaals. Von den Anfängen Leipzigs im frühen Mittelalter bis zur friedlichen Revolution 1989 reicht der zeitliche Horizont. Zu sehen sind Funde aus dem slawischen Burgward ›Lipzk‹ des 7. Jh., der erste *Stadtbrief* von 1165 sowie mehrere meist gotische Altarbilder und *Holzskulpturen* Leipziger Kirchen. Darunter sind auch Werke aus der kriegszerstörten Johannis- und der 1968 gesprengten Paulinerkirche.

An die *Reformationszeit* im 16. Jh. erinnert der Lutherbecher, aus dem Martin Luther die Kommunion spendete – ein schwerer Verstoß gegen die Lehre der katholischen Amtskirche. Auch der Trauring von Luthers Frau Katharina von Bora und ein Porträt des Reformators von Lucas Cranach d. Ä. werden gezeigt. Ein Globus von 1599 macht mit dem damaligen Weltbild vertraut.

Von Aufstieg und Fall des Hieronymus Lotter

Hieronymus Lotter wurde 1497 in Nürnberg in eine Kaufmannsfamilie geboren, die 1508 nach Annaberg ins Erzgebirge zog. Hieronymus erlernte das Bauhandwerk und ging 1522 nach Leipzig, um sich dort um die Familiengeschäfte zu kümmern.

In Leipzig war der junge Lotter nicht nur als Kaufmann und Edelmetallhändler erfolgreich, sondern ab 1530 auch als freischaffender **Baumeister**. Zu seinen Auftraggebern gehörte in den 1540er- und 1550er-Jahren Landesfürst Moritz von Sachsen sowie dessen Bruder und Nachfolger Albrecht.

Nachdem Lotter im Jahr 1546 nach dem Schmalkaldischen Krieg die **Festungsanlagen** von Leipzig verstärkt hatte, wurde er 1548 mit dem Wiederaufbau der im Krieg zerstörten **Pleißenburg** beauftragt. Kurfürst Moritz war mit dem prächtigen Bau wohl zufrieden, denn noch im selben Jahr erhob er Lotter zum *kurfürstlichen Baumeister*.

Honoratior Hieronymus Lotter (1497–1580)

1549 erfolgte die Berufung zum *Ratsherrn* in Leipzig, wo 1551–53 unter Lotters Ägide die **Moritzbastei** entstand. Dafür musste der Stadtgraben aufgefüllt werden, nach Vorgabe des Landesherrn in 19 Tagen. Um das zu schaffen, verpflichtete Lotter zwangsweise 1000 Bauern aus dem Umland, was ihm den Ruf als ›Leuteschinder‹ einbrachte. Den Rat der Stadt störte das aber nicht, denn 1555 wählte er den erfolgreichen Zuwanderer zum *Bürgermeister*.

Auch die folgenden Jahre waren von reger Bautätigkeit gekennzeichnet: 1556/57 ließ Hieronymus Lotter in nur neun Monaten das **Leipziger Rathaus** am Markt errichten, 1558/59 das **Pegauer Rathaus**. Wieder in Leipzig standen der Neubau der *Fleischbänke*, der *Waage* sowie die Erhöhung des mittleren Turmes der *Nikolaikirche* an. 1563 erbte er in Geyer im westlichen Erzgebirge ein kleines Bergwerk und kaufte dort einen Lehnshof, der nach ihm *Lotterhof* genannt wurde. Das Ende von Hieronymus Lotters steiler Karriere kam mit dem Bau der **Augustusburg**, dem Schloss, das der gefragte Renaissancebaumeister 1568–72 bei Chemnitz für Kurfürst Albrecht I. von Sachsen errichtete. Lotter hatte dafür erhebliche Geldsummen vorgestreckt, doch weil es dem Kurfürsten zu langsam ging, kam es 1571 zum Eklat. 1572 wurde Lotter ›gefeuert‹ und sein Auftraggeber blieb ihm zudem 15 000 Gulden schuldig. Lotter musste Bauarbeiter und Lieferanten aus eigener Tasche bezahlen, sein Besitz in Leipzig wurde teils gepfändet, teils verkaufte er ihn selbst. Nur der **Lotterhof** in Geyer blieb ihm noch, auf dem Hieronymus Lotter 1580 einsam und verarmt starb.

Die Stadt Leipzig, die er als Baumeister im 16. Jh. maßgeblich mitgestaltete, benannte im Jahr 1898 eine Straße nach ihm. Außerdem verleiht die Kulturstiftung Leipzig seit 1994 alle zwei Jahre eine **Hieronymus-Lotter-Medaille** für Denkmalpflege an Bauherren, die ein Kulturdenkmal der Stadt vorbildlich instand gesetzt haben.

Im Böttchergässchen zeigt das Stadtgeschichtliche Museum seine Sonderausstellungen

Auch der im 15. Jh. aufgekommene *Buchdruck* mit beweglichen Lettern, ein in Leipzig wichtiger Wirtschaftszweig, nimmt breiten Raum ein. Gleiches gilt für die im 15.–19. Jh. bedeutsame *Warenmesse*. Das Messeprivileg von 1497 mit dem großen Siegel von Kaiser Maximilian I. ist im Original zu sehen.

Kleine Dioramen mit Zinnfiguren illustrieren das Leipziger Markttreiben in der Zeit um 1500. Außerdem zeigen Modelle, wie die Leipziger Handelshöfe aussahen. Besonders detailfreudig wurde Auerbachs Hof nachgebaut [Nr. 18].

Eine ganz schmale Treppe führt als einziger Zugang vom ersten Stock hinab in die **Schatzkammer**, die in den Grundmauern des Gebäudes eingerichtet wurde. Hier sind weitere wichtige Dokumente und einige Truhen voll Silbermünzen zu sehen.

3 Stadtgeschichtl. Museum Böttchergässchen

Ein Kasten voller Historie.

Böttchergässchen 3
www.stadtgeschichtliches-museum-leipzig.de
Tel. 03 41/96 51 30
Di–So 10–18 Uhr
Bus 89 Markt

Im nüchternen Neubau (2004) aus rotbraungemasertem Naturstein am Böttchergässchen bewahrt das Stadtgeschichtliche Museum jenen Teil seiner Schätze, den es nicht der Öffentlichkeit zeigt. Auf fünf Etagen archiviert das Zentraldepot rund 220 000 Einzelstücke – von historischen Karten über Fotos bis zu Möbeln. Für den Besucher sind diese Hallen nicht zugänglich, doch immer wieder werden Teile der Sammlung in **Sonderausstellungen** gezeigt.

Zudem ist das Haus Heimat des **Kinder- und Jugendmuseums Lipsikus**. Es hat zwar nur ein Zimmer, aber dafür dürfen die Kleinen alle Ausstellungsgegenstände anfassen und untersuchen.

4 Barthels Hof

Vom Renaissance-Handelshaus zum prächtigen barocken Durchhaus.

Hainstraße 1, Markt 8 und
Kleine Fleischergasse 2
www.barthelshof.de
Bus 89 Markt

Rund um den Marktplatz bauten im Mittelalter reiche Leipziger Handelsfamilien stattliche **Kaufmannshäuser**. Einzig erhaltener Bau aus dieser Zeit ist Barthels Hof, der zunächst dem Leipziger Faktor der Augsburger Handelsfamilie Welser gehörte. Im 18. Jh. baute es der Kaufmann Gottlieb Barthel zum **Messehaus** um und bezog zwei angrenzende Grundstücke ein. Es entstand ein stilistisch einheitlich

Oben: *In Barthels Hof locken Restaurants und Theater zum Verweilen*
Rechts: *Gemütliche Stimmung in den Straßenlokalen des Drallewatsch*

gestaltetes Durchhaus mit der Durchfahrtsmöglichkeit für Fuhrwerke.

Die neobarocke **Fassade** zur Marktseite stammt aus den Jahren 1870/71. Ein rebenumkränzter Eingang führt in den Innenhof, wo bei schönem Wetter die Tische des **Gasthauses Barthels Hof** (Tel. 03 41/14 13 10, www.barthels-hof.de, tgl. 7–24 Uhr) stehen. Am Erker auf der Innenhofseite ist ein aufgeschlagenes Buch zu sehen, dessen Text das Erbauungsjahr 1523 nennt. Außerdem trägt der Erker die Wappen der ersten Hausherren.

Zu den Mietern von Barthels Hof gehört das **Theater Fact** (Tel. 03 41/961 40 80, www.theater-fact.de). Es bringt Gesellschaftskomödien auf die Bühne. Gelegentlich tragen Nachwuchsautoren ihre Werke vor. Auch eine Weinhandlung, in der man sich mit edlen Getränken eindecken kann, ist im Hof zu finden..

Audio-Feature:
Barthels Hof
QR-Code scannen [s.S.5]
oder dem Link folgen:
www.adac.de/rf0013

5 Zum Arabischen Coffe Baum

TOP TIPP *Eines der ältesten Kaffeehäuser mit unvergleichlicher Atmosphäre.*

Kleine Fleischergasse 4
Tel. 03 41/961 00 60
www.coffe-baum.de
Museum: tgl. 11–19 Uhr
Bus 89 Markt, Tram 9 Thomaskirche

Wo sich Barfußgässchen und Kleine Fleischergasse treffen, öffnet sich ein kleiner kopfsteingepflasterter Platz. Hier steht das fünfstöckige, Mitte des 16. Jh. erbaute und später barock umgestaltete Renaissancehaus des kurfürstlich-sächsischen und königlich-polnischen *Hofchocolatiers Johann Lehmann*. Das weiß-goldene Barockrelief über der Eingangstür – ein fürstlich gekleideter Türke mit Turban unter einem Kaffeebaum reicht einer Putte eine Kaffeetasse – gab dem Haus den Namen *Zum Arabischen Coffe Baum*.

Die erste Wirtin Johanna Elisabeth Lehmann servierte hier ab 1711 Kaffee, Tee

Ausgehen in Leipzig

Fragen Sie nicht, was das Wort **Drallewatsch** bedeutet. Aber als die Leipziger vor einigen Jahren in ihrer Lokalzeitung gefragt wurden, welchen Namen sie der sich entwickelnden vielfältigen Kneipenszene in der Innenstadt geben wollten, wurde dieser aus unzähligen Einsendungen ausgewählt. Jedenfalls bezeichnet ›Drallewatsch‹ lautmalerisch in sächsischem Singsang die von zahlreichen Lokalen gesäumten Straßenzüge zwischen Barfußgässchen, Kleiner und Großer Fleischergasse und Klostergasse.

Auch in der **Gottschedstraße** im Schauspielviertel [Nr. 8] reiht sich eine Kneipe an die andere. Auf eine Vielzahl alternativer Lokale stößt man entlang der **Karl-Liebknecht-Straße** in der Südvorstadt [Nr. 63]. Auch ein Abstecher zur Spinnerei [Nr. 54] in Plagwitz kann sich lohnen, hier gibt es ein Kino und in der Umgebung einige interessante Bars und Restaurants.

und Schokolade, bald auch alkoholische Getränke und Imbisse. Das Lokal verteilt sich auf drei Etagen: im Erdgeschoss befinden sich *Schumann-* und *Lehmann-Stube*, im ersten Stock das *Restaurant Lusatia* und im zweiten Stock drei *Cafés*, die der arabischen, französischen und Wiener Kaffeetradition huldigen. In seiner langen Geschichte hat der Arabische Coffe Baum viele berühmte Gäste gesehen, unter ihnen Johann Christoph Gottsched, Gotthold Ephraim Lessing und Richard Wagner. Robert Schumann traf sich hier 1833–44 mit seinen ›Davidsbündlern‹, befreundeten Künstlern und Kunstliebhabern.

Das **Museum Zum Arabischen Coffe Baum** im dritten Obergeschoss umfasst

Die Figurengruppe über dem Eingang des ›Coffe Baum‹ wirbt für den köstlichen ›Türkentrank‹

allerlei Interessantes und Kurioses rund um den Kaffeegenuss von historischen Kaffeemühlen bis zu Meissener Porzellan. Die Vorliebe der Sachsen für »ä Schälschn Heehsen« brachte ihnen übrigens schon im 18. Jh. den etwas spöttischen Spitznamen ›Kaffeesachsen‹ ein.

Reise-Video: Arabischer Coffe Baum
QR-Code scannen [s. S. 5] oder dem Link folgen: www.adac.de/rf0024

6 Hainstraße

Entdeckungstour durch Höfe und Passagen.

Tram 1, 3, 4, 7, 9, 12, 14, 15 Goerdelerring

Vom Marktplatz verläuft in nordwestlicher Richtung die Fußgängern vorbehaltene Hainstraße. Von ihr gehen einige der **Geschäftspassagen** ab, die aus den Leipziger Durchhöfen entstanden sind. Hainstraße 1 und 3 gehören zu *Barthels Hof* [Nr. 4] und *Webers Hof*, auf der anderen Straßenseite geht der Hof des *Großen Joachimsthals* bis zur Katharinenstraße durch und bei Haus Nr. 17/19 zweigt die *Jägerhofpassage* mit zwei Höfen ab, deren Kachelung – weiß und funktional, im ursprünglichen Stil – den früheren Nutzcharakter unterstreicht.

In Haus Nr. 9 befindet sich seit 1705 die **Adler-Apotheke**. Hier arbeitete Theodor Fontane (1819–1898) in den Jahren 1841/42 als Apothekergehilfe. Während dieser Zeit veröffentlichte er seine ersten Gedichte in einer Leipziger Zeitschrift.

7 Museum in der ›Runden Ecke‹

Ort der Aufklärung über das Unrechtsregime der Staatssicherheit.

Dittrichring 24
Tel. 03 41/961 24 43
www.runde-ecke-leipzig.de
tgl. 10–18 Uhr, Führung tgl. 15 Uhr
Tram 1, 3, 4, 7, 12, 14, 15 Goerdelerring

Architektonisch betrachtet ist das Gebäude am Dittrichring 24 ein harmloser Altbau mit einer dem Straßenverlauf folgenden abgerundeten Ecke. Doch dieser Eindruck täuscht. Denn 1950 übernahm die Bezirksverwaltung des gefürchteten **Ministeriums für Staatssicherheit (MfS)**, kurz **Stasi**, die Räume und begann ihre akribische Buchhaltung darüber, welcher DDR-Bürger von wem unter welchem Tarnnamen bespitzelt wurde. Ein Bürgerkomitee unterhält hier, am authentischen Ort, eine Gedenkstätte, die zugleich ein

Ort der Aufklärung über vergangenes Unrecht ist. Mobiliar und Raumaufteilung sind im Originalzustand erhalten.

Gezeigt werden die Wanzen, mit denen die Stasi vermeintliche Konterrevolutionäre belauschte und die Bedampfungsmaschinen zum Öffnen von Post. Auch die absurden Geruchskonserven, mit deren Hilfe man Regimegegner aufspüren wollte, sind zu sehen. Unfreiwillige Komik und Überwachungsterror liegen hier dicht beieinander. Ein Teil der Ausstellung ist der *Todesstrafe* in der DDR gewidmet, die in der Strafvollzugseinrichtung Alfred-Kästner-Straße in der Südvorstadt bis zum Jahr 1981 vollstreckt wurde.

In der Runden Ecke ist auch die Leipziger Außenstelle der **Behörde des Bundesbeauftragten für die Unterlagen des Staatssicherheitsdienstes der ehemaligen DDR** (kurz BStU, Tel. 03 41/ 22 47 31 18, www.bstu.de) untergebracht. Sie gibt Bürgern ›ihre‹ Stasi-Akten zur Einsicht frei. Noch immer nutzen viele Interessierte dieses Angebot. Außerdem werden Führungen angeboten.

Audio-Feature: Runde Ecke
QR-Code scannen [s.S.5] oder dem Link folgen: www.adac.de/rf0020

Leipziger Labyrinthe

Die mittelalterlichen Grundstückszuschnitte in Leipzigs Innenstadt waren schmal und lang, oft reichten sie weit ins Innere der bebauten Karrees. Je nach verfügbarem Platz fanden sich, erschlossen durch Durchfahrten und Höfe, unterschiedliche Vorderhäuser und Hofbebauungen. Dabei herrschte der Typus der **Kaufmannshäuser** vor: Die Gewölbe im Erdgeschoss wurden für den *Messehandel* genutzt, die *Kontore* und *Angestelltenwohnungen* befanden sich in den oberen Stockwerken, die *Waren* lagerten sicher und trocken unter dem Dach, aus dem die Kranbalken für die Last-Flaschenzüge weit hervorragten. Zum Ent- und Beladen mussten die Fuhrwerke in die Höfe fahren, die jedoch häufig zu schmal waren, um darin zu wenden.

Also wurden zweckmäßige Möglichkeiten geschaffen, auf der einen Seite in die Höfe hinein und auf der anderen wieder hinaus zu fahren. So entstanden die typischen **Leipziger Durchhöfe**, die sich über mehrere Grundstücke und Gebäudekomplexe erstrecken konnten, anders übrigens als die im 18. Jh. aufkommenden, im architektonischen Stil einheitlichen und geschlossenen barocken **Durchhäuser**, von denen nur Barthels Hof [Nr. 4] erhalten ist.

Im Zuge der Einführung der Mustermesse ab 1895 verloren die hohen Dachspeicher ihre Wichtigkeit, und mit ihnen auch die Durchhöfe. Die bestehenden wurden jedoch weiter genutzt – vor dem Zweiten Weltkrieg gab es immerhin noch rund 50 davon. Heute sind es wieder etwa 16, denn diese für Leipzig so typische Bautradition lebt in Form von überdachten Passagen wieder auf.

Blick in einen typisch Leipziger Durchhof

8 Schauspielviertel

Treffpunkt für Liebhaber der Theater- wie auch der Kneipenkultur.

Gottsched-/Bose-/Zentral-/
Otto-Schill-Straße
Tram 9 Thomaskirche,
Tram 1, 14 Gottschedstraße

Das Schauspielviertel erstreckt sich am westlichen Rand der Innenstadt. Schon Anfang des 20. Jh. eröffnete hier das **Centraltheater** (Bosestr. 1, Tel. 03 41/126 81 68, www.centraltheater-leipzig.de). Der nach dem Zweiten Weltkrieg errichtete Neubau orientierte sich an den ursprünglichen Konturen. Auch die schlichte äußere Erscheinung folgt dem klassizistischen Vorgänger. Der holzgetäfelte *Zuschauerraum* bietet 750 Personen Platz und besticht durch sein angenehmes Ambiente.

In der Gottschedstraße 16 befindet sich die experimentelle Nebenbühne des Schauspiels, die **Skala** (Tel. 03 41/126 81 86). Das Ensemble stellt sowohl bei Klassikern als auch bei frechen modernen Stücken sein ganzes Können unter Beweis.

In der Gottschedstraße gibt es außerdem Lokale für jeden Geschmack und jede Tageszeit. Zum Frühstück öffnet das **›Café Luise‹**, einen entspannten Mittag verspricht das **›Sol y Mar‹**, und zum Abendessen lockt die kleine Bar **›Barcelona‹**, mit spanischen Tapas im begrünten Hinterhof. Nachtschwärmer können im **›Twenty One‹** mit wechselnden Partyveranstaltungen auf zwei Dancefloors oder im heißen Kellerclub ›Nightfever‹ mit eher studentischem Publikum die Nacht durchfeiern.

Ecke Gottsched-/Zentralstraße erinnert das **Synagogen-Mahnmal** der beiden Leipziger Künstler Anna Dilengite und Sebastian Helm an die rund 14 000 Leipziger Juden und deren Leiden in der Nazizeit. Es befindet sich an der Stelle, an der bis zur Reichspogromnacht am 9. November 1938 die große *Gemeindesynagoge* von 1855 gestanden hatte. Die Umrisse der rund 900 m² großen Gedenkstätte zeichnen deren Grundriss nach. In der Mitte stehen auf einem niedrigen Sockel 140 verwaiste bronzene Stühle. So weist das Denkmal subtil auf die Leerstel-

Die leeren Stühle des Synagogen-Mahnmals erinnern an die große Gemeindesynagoge

le hin, die die Vernichtung der Leipziger Juden in den deutschen Konzentrationslagern im gesellschaftlichen Leben der Stadt hinterlassen hat.

Wo die Gottschedstraße auf den Dittrichring trifft, beginnt **Lurgensteins Steg**. Er führt am Pleißemühlgraben entlang. Der kleine Wasserlauf war im Mittelalter für die Mühlen der Stadt angelegt worden. Seine Funktion hat er verloren, doch dem innerstädtischen Ambiente tut er noch immer gut. Folgt man dem Steg, so kommt man zur **Kunsthalle der Sparkasse Leipzig** (Otto-Schill-Straße 4a, www.kunsthalle-sparkasse.de, Di, Do–So 10–18, Mi 12–20 Uhr). In Wechselausstellungen zeigen die Kuratoren Arbeiten der Leipziger Schule [s. S. 40].

9 Thomaskirchhof

Romantischer Platz im Schatten der Thomaskirche.

Tram 9 Thomaskirche

Am Thomaskirchhof bilden Thomaskirche, Kaufmannshäuser und Läden die Kulisse einer Bühne, auf der Johann Sebastian Bach die Hauptrolle spielt. Sein überlebensgroßes **Denkmal**, 1908 von Carl Seffner geschaffen, erhebt sich in der Mitte des Platzes. Das Relief auf der Sockelrückseite zeigt die alte Thomasschule.

Fast könnte man meinen, auf dem Platz wie vor rund 270 Jahren die Klänge von Bachs als Kaffeehausmusik kompo-

Frische Inszenierungen bringt das Centraltheater in der Bosestraße auf die Bühne

nierter ›Kaffeekantate‹ zu hören. Stattdessen finden im Sommer auf dem Thomaskirchhof die **Montagskonzerte** statt, dann herrscht auf dem Platz stets dichtes Gedränge. An den übrigen Tagen der Woche wird die Musik Bachs im Bach-Museum [Nr. 11] vorgestellt.

Im klassizistischen Eckhaus zur Burgstraße residiert das Restaurant **Ehemalige Central-Apotheke**. Wie der Name schon sagt, befand sich hier bis 1996 eine Apotheke. Zu ihren Besitzern gehörte Dr. Wilmar Schwabe (1839–1917), einer der Wegbereiter der Homöopathie. So erläutert das **Sächsische Apothekenmuseum** (Tel. 03 41/33 65 20, Di/Mi, Fr–So 11–17, Do 14–20 Uhr) im ersten Stock des Hauses auch die Wirkungsweise der Homöopathie, zeigt Reiseapotheken und Apothekerwaagen.

An der Nordseite der Thomaskirche hat die **Commerzbank** (Thomaskirchhof 22) ein nobles Domizil bezogen. Beiderseits des Haupteingangs prangen vergoldete Jugendstil-Jungfrauen, und auch der Name der Bank steht in goldenen Lettern an der Fassade. Dieser Zierrat entspringt freilich nicht Banker-Größenwahn, sondern ist der Denkmalpflege geschuldet: Leipzigs Paradebeispiel für Belle-Epoque-Architektur wurde 1904 als *Kaufhaus Ebert* eröffnet.

10 Thomaskirche

TOP TIPP

Wahrzeichen der Altstadt, Wirkungsstätte Johann Sebastian Bachs und Heimat des Thomanerchors.

Thomaskirchhof 18
Tel. 03 41/22 22 42 00
www.thomaskirche.org
tgl. 9–18 Uhr, Turmführungen April–Nov. Sa 13, 14, 16.30, So 14, 15 Uhr, Motetten Fr 18, Sa 15 Uhr, nicht am Karsamstag und in den sächsischen Schulferien
Tram 9 Thomaskirche

Wenn die alte *Gloriosa* aus dem 15. Jh. zum Gottesdienst läutet, schaut man in Leipzig zum achteckigen Glockenturm der Thomaskirche, der am westlichen Rand der Altstadt würdevoll über dem hohen Giebel des Langhauses aufragt. Für Besucher und Leipziger gleichermaßen ist es ein Erlebnis, in Erinnerung an den langjährigen Kirchenkantor **Johann Sebastian Bach** der Aufführung einer von ihm komponierten Motette oder Kantate beizuwohnen und dabei den klaren Knabenstimmen des berühmten **Thomanerchors** zu lauschen.

Geschichte Auf Fundamenten einer Kirche aus dem 12. Jh. entstand 1212 das vom Wettiner Markgraf Dietrich von Mei-

Goldglänzender Jugendstilschmuck an der Leipziger Dependance der Commerzbank

Alles dreht sich nur um Bach – zumindest bei den sommerlichen Montagskonzerten

ßen gestiftete **Augustiner-Chorherrenstift**, das bald gotisch umgestaltet wurde. Nur ein Fenster an der Nordseite des Chors und einige Fundamente sind noch aus der romanischen Entstehungszeit erhalten. 1482 war Baubeginn der bedeutend größeren, noch heute bestehenden gotischen **Hallenkirche**, die 1496 geweiht wurde. 1702 wurde diese Thomaskirche ebenso wie der Turm mit seinem achteckigen Aufbau von 1537 barock umgestaltet. Ende des 19. Jh. entsprachen die barocken Ausstattungselemente nicht mehr dem Zeitgeschmack und wurden größtenteils wieder entfernt. So kann sich der moderne Betrachter nicht mehr vorstellen, wie Bach die Thomaskirche in seiner Zeit als Kantor 1723–50 erlebt hat. Stattdessen bestimmen einige 1884–89 hinzugefügte neogotische Elemente den Eindruck. Zu ihnen gehören das fein durchbrochene Maßwerk des Westportals und die Kanzel.

Nachdem sich Leipzig 1539 zur Reformation bekannt hatte, wurde das Chorherrenstift aufgelöst und 1543 abgebrochen. Seitdem ist die Thomaskirche **Gemeindekirche**. Das hinderte Napoleon jedoch nicht daran, sie vor der Völkerschlacht im Jahr 1813 als Munitionslager zu nutzen. Während und nach der über mehrere Tage tobenden Kämpfe wurden unter dem gotischen Gewölbe die kriegsversehrten Soldaten versorgt.

Besichtigung Trotz ihrer beträchtlichen Länge von 76 m und ihrer Breite von 25 m beeindruckt die Thomaskirche im Wesentlichen durch ihre Höhe. Dieser Eindruck entsteht durch die enormen Ausmaße des in einem steilen Winkel von 63 Grad aufragenden Daches, dessen Firsthöhe 45 m erreicht. Im Rahmen einer Turmführung bietet sich die Gelegenheit, den **Kirchendachstuhl** zu besichtigen, der aus einem kunstvollen Holzbalken-Strebewerk und sieben Böden besteht. Neben dem hohen, steilen Dach erscheint der **Turm**, der asymmetrisch an das südliche Querschiff angebaut wurde, mit seinen 68 m Höhe geradezu unscheinbar. Es lohnt sich, den Turm zu erklimmen, denn von seiner *Galerie* bietet sich eine attraktive Aussicht auf die Stadt. Ebenerdig kann man an der südlichen Außenmauer einige Grabplatten aus der Frühzeit der Kirche mit Epitaphen von Rittern und Aristokraten aus dem 15. und 16. Jh. entdecken.

Das **Kircheninnere** ist von protestantischer Strenge und Schlichtheit. Die sieben Joche der dreischiffigen gotischen Halle überzieht ein *Netzrippengewölbe*, dessen Rippen rot gegen die weiße Decke

Lutherbild als buntes Glasfenster im Chor der ansonsten sehr schlichten Thomaskirche

abgesetzt sind. Die umlaufende *Empore* auf halber Höhe des Kirchenraumes zog 1570 Hieronymus Lotter ein.

Vor dem Altar im lang gestreckten Chorraum markiert seit 1950 eine bronzene *Grabplatte* die vorerst letzte Ruhestätte Johann Sebastian Bachs. 1949 waren die Gebeine des Thomaskantors anlässlich seines 200. Todestages aus der Bach-Gellert-Gruft in der kriegszerstörten Johanniskirche in die Thomaskirche umgebettet worden. An den Seitenwänden des Chors hängen ganzfigurige Porträts der Leipziger Superintendenten seit 1614.

Der *Flügelaltar* stammt aus der von den DDR-Oberen gesprengten Paulinerkirche [s. S. 56]. Ein unbekannter Meister schuf ihn im 15. Jh. Im Zentrum steht die Figur des Paulus, um den acht vergoldete Relieftafeln mit neutestamentarischen Szenen zu sehen sind.

Seitlich vor dem Altar steht der 1614/15 aus Alabaster geschaffene Renaissance-Taufstein, an dem elf der 13 Kinder von Johann Sebastian Bach und seiner Frau Anna Magdalena getauft wurden. Die um 1890 eingesetzten bunten *Fensterscheiben* zeigen Persönlichkeiten wie Luther, Bach, König Gustav Adolf von Schweden oder den deutschen Kaiser Wilhelm I.

Auf der Westempore dominiert die große *Sauer-Orgel* von 1889 mit 88 Registern. Die *Woehl-Orgel* (2000) auf der Nordempore mit 61 Registern dient der Wiedergabe Bachscher Orgelwerke.

In der **Südsakristei** befindet sich eine kleine Ausstellung mit *Musikinstrumenten* aus Bachs Zeit sowie einigen Dokumenten und Notenblättern zu ›Bachs Begegnungen mit dem Sterben‹. Auch eine filigrane, aus Eichenholz geschnitzte und vergoldete Abendmahlsdarstellung von 1888 ist zu sehen, der ›Goldene Altar‹.

Jubilieren für den Herrn

Zum 1212 gegründeten Augustiner-Chorherrenstift gehörten auch Chorknaben, die sich im Falle der Thomaskirche schon bald als eigenständiger Chor profilierten. Erstmals wird dieser **Thomanerchor** im Jahr 1254 urkundlich erwähnt. Zu Johann Sebastian Bachs Zeiten bestand er aus 54 Knaben, heute sind es über 80. Er wurde und wird vom Thomaskantor geleitet, seit 1992 obliegt dem 33. Amtsinhaber Georg Christoph Biller diese Aufgabe. Die **glockenhellen Knabenstimmen** sind bei Sonntagsgottesdiensten sowie freitags und samstags bei Motetten und Kantaten zu hören. Zudem geben die jungen Sänger Sonderkonzerte mit Oratorien und Passionen und gehen auf Konzertreisen. Die musikalischen Knaben mit den schönen Stimmen leben in einem *Alumnat*, in dem die Pflichten des Chors mit schulischen Anforderungen sowie Sport und Bewegung in Einklang gebracht werden. Als Problem erweist es sich, dass die Jungen immer früher in den **Stimmbruch** kommen. Entsprechend jünger sind heute die Sänger der Soloparte, die früher 12- bis 14-Jährige mit bereits umfassender musikalischer Bildung sangen.

Thomaner, so heißt es, bleibt man sein Leben lang, auch nach dem offiziellen Ausscheiden aus dem Chor. Mit Abschluss der Schule profitieren sie von ihrer soliden **künstlerischen Ausbildung**. Das beweisen zum Beispiel ›Die Prinzen‹ oder ›Amarcord‹, die als Vokalmusiker Karriere gemacht haben.

Eine prächtige Kulisse für Konzerte bietet der Sommersaal im Bach-Museum

Direkt neben der Kirche verkauft der **Thomasshop** (Tel. 0341/22224200, Mo–Sa 10–18, So ab 11 Uhr) Tickets für Konzerte der Thomaner. Außerdem sind Musik-CDs des Thomanerchors sowie Andenken vom T-Shirts bis zum Notenschlüssel-Kugelschreiber im Angebot.

Audio-Feature: Thomaskirche
QR-Code scannen [s.S.5] oder dem Link folgen: www.adac.de/rf0022

11 Bach-Museum

TOP TIPP

Hier wird die Kunst Johann Sebastian Bachs zum Erlebnis: Musik zum Hören, Sehen und Fühlen.

Thomaskirchhof 15/16
Tel. 0341/9137202
www.bach-leipzig.de
Di–So 10–18 Uhr
Tram 9 Thomaskirche

Gegenüber der Thomaskirche steht das Bach-Museum. Es befindet sich im Haus

Üppiger Barockklang oder Die Kunst der Fuge

Am 21. März 1685 wurde in Eisenach **Johann Sebastian Bach** als jüngstes von acht Kindern des Stadtmusikus Johann Ambrosius Bach und seiner Frau Elisabeth geboren. Nach dem Tod der Eltern übernahm ab 1695 der 14 Jahre ältere Bruder Johann Christoph, selbst Organist in dem kleinen Ort Ohrdruf, die Erziehung Johann Sebastians. Der Junge spielte schon während seiner Schulzeit Orgel, lernte Komponieren und sang im Kirchenchor.

1703 begann seine Laufbahn als Organist in Arnstadt, 1707 wechselte er nach Mühlhausen, wo er im selben Jahr seine entfernte Cousine Maria Barbara Bach heiratete. Bereits 1708 begann er als **Hoforganist** und **Kammermusiker** in Weimar und stieg dort 1714 zum Konzertmeister auf. In dieser Zeit komponierte Bach zahlreiche Toccaten, Fugen und vor allem Kantaten. Nach drei Jahren, 1717, ging der anerkannte Orgelvirtuose dann als **Hofkapellmeister** nach Köthen, wo er u. a. die Brandenburgischen Konzerte schrieb. Privat musste Bach allerdings den Tod mehrerer seiner sieben Kinder verkraften, 1720 starb auch seine Frau. Ein Jahr darauf heiratete Johann Sebastian erneut, nämlich Anna Magdalena Wilcke, mit der er 13 weitere Kinder hatte.

1723 begann Bachs Leipziger Zeit, denn er übernahm in der ehrgeizigen Handelsstadt das Amt des **Thomaskantors** und des **Städtischen Musikdirektors**, der die Nikolaikirche musikalisch mitbetreute und auch weltliche Anlässe zu bespielen hatte.

Bach war der 17. Kantor der Thomaskirche seit der Reformation und er übte dieses Amt bis zu seinem Tod am 28. Juli 1750 in Leipzig aus. In diesen 27 Jahren schrieb er 180 **Kantaten** und unzählige **Motetten**, ebenso die *Johannes-Passion* (1724), die *Matthäus-Passion* (1729), die Urfassung der *h-Moll-Messe* (Missa, 1733), das *Weihnachtsoratorium* (1734) und die *Goldbergvariationen* (1742). Ebenfalls 1742 vollendete Bach die Erstfassung eines weiteren seiner großartigen Werke, der *›Kunst der Fuge‹*. Nicht ohne Grund urteilte Ludwig van Beethoven später über seinen Musikerkollegen: »Nicht Bach, Meer müsste er heißen!«

Bachs **kühne Kompositionen** überdauerten die Jahrhunderte. Die Bachsche Musikfülle entsprach zur Zeit ihrer Entstehung den Idealen des damals blühenden Protestantismus, der mit der barocken Formenvielfalt in Kirchen und Klöstern gebrochen hatte und seine **künstlerische Ausdruckskraft** in die Musik verlegte. Bach verhalf der neuen Botschaft zu weiter Verbreitung und kann auch heute wieder Jung und Alt begeistern.

›Johann Sebastian Bach im Kreise seiner Familie‹, Lichtdruck von 1870

1743 überprüfte Johann Sebastian Bach diesen Orgelspieltisch für die Leipziger Johanniskirche

des Juweliers Georg Bose, mit dem Johann Sebastian Bach eng befreundet war. Bose muss ein großer Musikliebhaber gewesen sein, ließ er doch 1711 eigens einen Konzertsaal in sein Domizil einbauen. Hier finden Kammermusikkonzerte statt, bei denen meist Musik des 17. und 18. Jh. gespielt wird.

Die Ausstellung macht das musikalische Schaffen Bachs mit allen Sinnen erlebbar. Im Erdgeschoss gewährt das ebenfalls hier ansässige Bach-Archiv Einblicke in seine Arbeit. Die Analyse von Partituren und Abschriften wird erläutert, Bachs Arbeitsweise erklärt. In der Schatzkammer nebenan werden in stetem Wechsel originale Bachhandschriften gezeigt, darunter das Schreiben an die Stadt ›Kurtzer jedoch höchstnötiger Entwurff einer wohlbestallten Kirchen-Music‹. Darin beklagte Bach die teils mangelhaften Fähigkeiten der ihm zur Verfügung stehenden Musiker.

Im ersten Stock geht es um Bachs Arbeit mit dem Orchester, seine Freude an musikalischen Innovationen und sein turbulentes Familienleben – aus seinen zwei Ehen gingen insgesamt 20 Kinder hervor. Allerdings erreichte nur die Hälfte von ihnen das Erwachsenenalter. Ein eigener Raum ist der Orgel und ihren musikalischen Möglichkeiten gewidmet. Dieses Instrument stand im Zentrum des Bachschen Wirkens.

Gemütlich machen kann man es sich im Hörkabinett: Hier stehen bequeme Sessel neben Hörstationen, an denen Kompositionen Johann Sebastian Bachs erklingen. Ähnlich angenehm ist ein Aufenthalt im Café Gloria im Erdgeschoss.

12 Neues Rathaus

In das Gewand der mittelalterlichen Pleißenburg gekleidetes Rathaus.

Martin-Luther-Ring 4–6
Tel. 0341/1232241
Turmbesteigung: Mo–Fr 11 und 14 Uhr
Tram 2, 8, 9, Bus 89 Neues Rathaus

Aus der Ferne sieht das Leipziger Rathaus aus wie eine Burg. Vor allem der 114,5 m hohe Turm, dessen Besteigung wegen der weiten Aussicht über Leipzig unbedingt empfehlenswert ist, würde einer mittelalterlichen Festung Ehre machen.

Die Erinnerung ans Mittelalter kommt nicht von ungefähr. Denn bis Ende des 19. Jh. erhob sich am *Burgplatz* die **Pleißenburg**. Sie war Teil der Leipziger Stadtbefestigung. In ihrer Hofstube fand im Jahr 1519 die *Leipziger Disputation* zwischen Martin Luther und Andreas Karlstadt auf der einen und Johann Eck auf der anderen Seite statt. Die Diskussionen über den freien Willen, die Unfehlbarkeit des Papstes und die Rolle des Konzils

machten die Meinungsverschiedenheiten zwischen Reformatoren und päpstlicher Kirche überdeutlich.

Als Leipzigs Bevölkerung Ende des 19. Jh. innerhalb weniger Jahre von 200 000 (1890) auf 450 000 (1900) Einwohner anwuchs, platzte nicht nur die Stadt, sondern auch das Alte Rathaus am Markt aus allen Nähten. So beschlossen die Stadtoberen, die Pleißenburg zu schleifen und an ihrer Stelle das Neue Rathaus zu errichten – freilich in mittelalterlicher Gestalt. Der Entwurf stammte vom Leipziger Stadtbaudirektor Hugo Licht. Mit seinen enormen Dimensionen (gut 10 000 m^2 Bürofläche und 600 Räume) genügt der Monumentalbau selbst heutigen Anforderungen. Märchenhaft wirkt sein eklektizistisches Äußeres mit Türmen, Erkern und Giebeln, Spätrenaissance-, Barock- und Jugendstilelementen.

Die große Eingangshalle beherbergt mitunter Ausstellungen. Im Untergeschoss befindet sich das traditionsreiche Lokal *Rathauskeller*.

13 Naschmarkt

Merkantile Rokoko-Lounge zwischen Rathaus und Handelshof.

Bus 89 Markt

Der längliche Naschmarkt ist ein herrlicher Ort, um in einem der hiesigen Cafés auf eine Tasse Kaffee zu verweilen. Wie sein Name schon andeutet, fand hier früher der Leipziger Bauernmarkt statt. Inzwischen beschränkt sich das Marktgeschehen auf die Weihnachtszeit, ist dafür aber besonders stimmungsvoll. Naschen kann man in den hiesigen Lokalen freilich immer noch nach Herzenslust.

Gerahmt wird der Nachmarkt vom Alten Rathauses [Nr. 2] auf der einen und dem **Handelshof** auf der anderen Seite. Dieser mächtige Gebäudeblock entstand 1908/09 als Messegebäude. Ringsum, zum Nachmarkt, zur Grimmaischen und zur Reichsstraße, haben ihn Modegeschäfte, Parfümerien und eine Konditorei bezogen. In den Obergeschossen bietet

Im Neuen Rathaus residiert Leipzigs Bürgermeister wie ein Burgherr

das Hotel *Steigenberger Handelshof* (Eingang zum Salzgässchen 6, www.steigen berger.com) stilvolle Gästezimmer.

Ein wahres Kleinod ist das schmucke Barockgebäude auf der Nordseite des Naschmarkts. Die **Alte Börse** von 1678–87 war das repräsentative ›Vereinslokal‹ der wohlhabenden Leipziger Kaufleute. Hier wurden Geschäfte getätigt, Vertreter gewählt, Jubiläen abgehalten und Neuigkeiten ausgetauscht. Eine doppelläufige Treppe mit verspielter Balustrade führt hinauf zum prachtvoll verzierten *Haupteingang*. Deutlich tritt die Türrahmung mit dem krönenden, von zwei Putten flankierten Stadtwappen hervor. Die vier Ecken der *Dachbalustrade* besetzen Figuren der römischen Gottheiten Minerva, Apoll, Merkur und Venus von 1683. Das schlichte Innere besteht aus einem Gewölbe und darüber einem *Festsaal*, der für Veranstaltungen genutzt wird.

Vor der Börse erinnert das **Denkmal des jungen Johann Wolfgang Goethe** (1749–1832) an dessen Studienzeiten in Leipzig 1765–68. Das elegante Standbild wurde – wie das Bachdenkmal an der Thomaskirche – von Carl Seffner geschaffen und 1903 hier aufgestellt. Im Sockel sind seine zwei Leipziger Freundinnen Kätchen Schönkopf und Friederike Oeser als Reliefs verewigt. Bei allem früh zu Tage tretenden Genie tat Goethe in seiner Studienzeit ganz offenbar, was alle 16- bis

Ein jugendlicher Goethe steht vor der Alten Börse am Leipziger Naschmarkt

18-Jährigen tun, wenn sie erstmals ihr Elternhaus verlassen: Er trieb sich auf der Suche nach weiblicher Gesellschaft in Wirtshäusern herum. Auf Erinnerungen an fröhliche Exzesse fußt wohl auch die später in den ›Faust‹ eingegangene Szene in Auerbachs Keller mit den Studenten.

Der Platz wird zur Grimmaischen Straße vom **Löwenbrunnen** abgegrenzt, der in dieser Form 1918 aufgestellt wurde und die beiden Löwen eines Vorgängerbrunnens nach Formen von Gottfried Schadow integriert.

14 Katharinenstraße

Prächtige Handelshäuser kontrastieren mit moderner Architektur.

Tram 1, 3, 4, 7, 9, 12, 14, 15 Goerdelerring

Ein Spaziergang vom Markt die Katharinenstraße hinunter führt vorbei an üppig geschmückten Kaufmannshäusern aus dem 16. und nüchternen Bauten des 20. und 21. Jh. Zur ersten Kategorie gehört das **Fregehaus** (Nr. 11), dessen Fassade von einem übergiebelten, dreigeschossigen Fenstererker geprägt wird. Vier Reihen Dachgauben weisen auf die Speichergeschosse hin, die sich unter dem Dach verbergen. Sein Name erinnert an den Bankier Frege, der es im Jahr 1782 erwarb. Dem Fregehaus gegenüber, auf der Ostseite der Katharinenstraße, steht ein modernes Bürogebäude, in dem sich auch die **Tourist Info** (Nr. 8) befindet. Dahinter erhebt sich der Baukörper des **Museums der Bildenden Künste** [Nr. 15].

An der Ecke Brühl/Katharinenstraße steht das imposante orange-weiße **Romanushaus**, das schon 1701 erbaut wurde. Bauherr war Bürgermeister Franz Conrad Romanus, der den aufwendigen Barockbau mit ungedeckten Schuldscheinen finanzierte und dafür mehr als 40 Jahre im Gefängnis landete. Das Haus hat zwei mit breiten Pilastern gegliederte Schaufassaden, die größere zum Brühl hin. Über dem Portal im Mittelrisalit tummeln sich Figuren von Athena und Fama. Ungewöhnlich ist der kleine Dachaufbau, ein so genanntes Belvedere. Innen bietet das Romanushaus Platz für kleine, aber feine Wechselausstellungen.

Die Katharinenstraße endet vor den **Höfen am Brühl** (www.hoefe-am-bruehl.de), einem gewaltigen Shopping-Center, auf dessen Dach sich sogar Mietwohnungen befinden.

Der postmoderne Kubus des Leipziger Museums der Bildenden Künste

15 Museum der Bildenden Künste

TOP TIPP *Der moderne Museumsbau bildet einen würdigen Rahmen für Leipzigs Kunstschätze.*

Katharinenstraße 10
Tel. 03 41/21 69 90
www.mdbk.de
Di, Do–So/Fei 10–18, Mi 12–20 Uhr
Bus 89 Markt

Das Museum der Bildenden Künste ist steingewordener Ausdruck Leipziger Bürgersinns. Denn den Grundstock zur Sammlung legte der 1837 von wohlhabenden Kaufleuten gegründete **Leipziger Kunstverein**. Die Stifter trugen Schätze aus mittelalterlichen Patrizierhäusern und Kirchen sowie zeitgenössische Kunstwerke zusammen, Zukäufe und Schenkungen vergrößerten den Fundus beständig.

Schweren Schaden nahm die Sammlung während des NS-Regimes. Denn den Nazis galten die zahlreich vorhandenen Werke des Expressionismus als ›**Entartete Kunst**‹ und verkauften sie in alle Welt. Nach dem Krieg konnte das Museum mit den verbliebenen Kunstwerken wiedereröffnen, und im Laufe der Jahre kamen Arbeiten der Leipziger Schule hinzu.

2004 bezog das Museum den **Glas-Beton-Kubus** an der Katharinenstraße. Entworfen wurde er von den Architekten Hufnagel, Pütz & Rafaelian. Ihr 36 m hohes Werk wirkt von außen massiv und fast abweisend. Umso transparenter ist das Innere gestaltet. Atrien und Sichtschächte öffnen sich über zwei, drei oder über alle vier Etagen, die riesigen Fensterflächen bieten immer neue Perspektiven auf die Stadt. Die nüchterne Glas- und Betonästhetik kontrastiert mit dem hellen Holz von Treppen und Fußböden.

Das **Erdgeschoss** ist dem Museumsladen, einem Café und der Kasse vorbehalten. Im **ersten Stock** sind Werke des 20. Jh. zu sehen. Einer der Stars ist der Leipziger Jugendstil-Künstler Max Klinger (1857–1920), dessen *Beethoven-Skulptur* ein eigener Raum gewidmet ist. In anderen Sälen sind die Sammlungen des *Impressionismus und Expressionismus* zu sehen. Darunter befinden sich Werke des 1884 in Leipzig geborenen Max Beckmann sowie Otto Müllers berührendes ›Liebespaar‹, das 1937 als Entartete Kunst beschlagnahmt worden war und erst 1993 zurück erworben werden konnte.

Bogomir Eckers Trillerpfeifen kommen im Museum der bildenden Künste perfekt zur Geltung

Die ›Lebenserinnerungen des Professor jur. Schulze‹ aus dem Jahr 1967 von Werner Tübke

Leipziger Schule – von Werner Tübke bis Neo Rauch

Das Spezifische der Leipziger Schule ist das Festhalten am soliden Handwerk des Zeichnens und der Malerei. Das charakterisiert sie bis heute, bis in die sog. vierte Generation, die sich selbst eher als **erste gesamtdeutsche Generation** sieht.

Aus den ersten Nachkriegsklassen der Leipziger Kunstakademie – später umbenannt in Hochschule für Grafik und Buchkunst (HGB) – gingen drei extrem unterschiedliche Künstler hervor, denen die Liebe zum Realismus, zur Metaphorik und zur Zentrierung auf den Menschen gemeinsam war: **Bernhard Heisig** (1925–2001), **Wolfgang Mattheuer** (1927–2004) und **Werner Tübke** (1929–2004). In den 1960er- und 1970er-Jahren avancierten sie zu den prägenden Lehrern und Professoren der Hochschule. Heisig transportiert mit seinen technisch raffinierten expressionistischen Porträts und Personenbildern Wut, Verzweiflung und Schrecken. Es sind keine schönen Bilder, aber sie vermitteln *Leidenschaft*. Tübkes Bilder lehnen sich an Renaissance und Manierismus an, spielen mit Bildzitaten und historischen Motiven. Von ihm stammt das *Bauernkriegspanorama* im thüringischen Bad Frankenhausen, das größte Panoramabild der Moderne mit rund 3000 Einzelfiguren. Mattheuers Bilder scheinen auf den ersten Blick friedlich und verspielt. Sie setzen sich jedoch metaphern- und allegorienreich mit Alltag, Seelenzuständen und Gefühlen auseinander, gleiten unmerklich vom Realen ins Surreale.

Auch die Schüler der drei Großen der Leipziger Schule sind heute etablierte Künstler. **Volker Stelzmann** (*1940), **Wolfgang Peuker** (1945–2011), **Sighard Gille** (*1941) und **Arno Rink** (*1940) – um nur einige zu nennen – haben die Tradition fortgeführt und gleichzeitig ihre eigenen Ausdrucksformen gefunden. Lange vor der Wende hatte der Westen sie entdeckt, sodass ihre Werke heute in fast allen großen deutschen Museen zu finden sind.

Ihnen folgte die dritte Generation, deren prominentester Vertreter **Neo Rauch** (*1960) ist, der als erster im Nachwendeboom nach oben drang – und erfolgreich war: Im WS 2005/06 trat der Heisig-Schüler die Nachfolge des emeritierten Kunstprofessors Arno Rink an der Hochschule für Grafik und Buchkunst an und lehrte dort bis 2009.

Inzwischen hat sich sogar schon die vierte Leipziger Künstlergeneration frei geschwommen. **Tim Eitel** (*1971), **David Schnell** (*1971), **Matthias Weischer** (*1973), **Tilo Baumgärtel** (*1972), **Julia Schmidt** (*1972) und **Christoph Ruckhäberle** (*1976) haben ihre Ateliers in aufgelassenen Leipziger Fabriken und kommen derzeit kaum mit der Produktion nach, so gefragt ist die ›Neue Leipziger Schule‹ auf dem Kunstmarkt. Wer ihre Werke erstehen – oder auch nur bewundern – will, findet sie in der Leipziger Dependance der Berliner Galerie eigen&art (Eitel, Schnell, Weischer) und in der Galerie Kleindienst, beide in der Alten Baumwollspinnerei [Nr. 54].

Auch die ›Tanzende Alte‹ von Ernst Barlach und der ›Gefesselte Prometheus‹ von Gerhard Marcks sind zu sehen.

Das **zweite Obergeschoss** ist der *europäischen Kunst des 15.–18. Jh.* gewidmet. Die ›Heimsuchung‹ Rogier van der Weydens eröffnet den Reigen der Arbeiten niederländischer Provenienz. Auch die Niederländer des 17. Jh. sind stark vertreten: Ein wahres Kleinod ist beispielsweise ›Der Mulatte‹ von Frans Hals. Die Renaissance in Deutschland repräsentieren Hans Baldung Grien (›Die sieben Lebensalter des Weibes‹) und Lucas Cranach d. Ä. (›Adam und Eva‹). Auch die *Romantiker* sind z. B. durch Caspar David Friedrich oder Friedrich Wilhelm von Schadow würdig repräsentiert.

Im **dritten Stock** ist die *Privatsammlung Brühler/Brockhaus* ausgestellt. Sie umfasst Werke des 19. und 20. Jh. Mit dieser Sammlung werden einige Lücken im Bestand vom *Impressionismus* bis zur *Klassischen Moderne* geschlossen, z. B. durch die ›Boote am Strand von Etretat‹ von Claude Monet. Zudem ist dort, in immer wieder wechselnder Zusammenstellung, die neue und alte Leipziger Schule des 20./21. Jh. vertreten, darunter Werke von Willi Sitte, Bernhard Heisig, Wolfgang Mattheuer und Werner Tübke. Natürlich darf auch Leipzigs Starkünstler Neo Rauch nicht fehlen.

Das **Untergeschoss** ist Wechselausstellungen vorbehalten, die teils aus dem Fundus des Museums, teils mit Leihgaben anderer Häuser bestückt werden.

16 Specks Hof und Riquethaus

TOP TIPP

Vielfältige Geschäfte und ein feines Café in großen Messepalästen.

Grimmaische Straße
Bus 89 Markt, Reichsstraße

Die Grimmaische Straße ist eine der Flaniermeilen in Leipzigs Innenstadt und wird von vielen Geschäften und Cafés gesäumt. Viele von ihnen haben Messepaläste vom Anfang des 20. Jh. bezogen.

Zu den besonders feinen Adressen zählt der Block aus **Specks Hof** (www.speckshof.de) und Hansahaus, der sich zwischen Grimmaischer, Reichs- und Nikolaistraße erstreckt. Der Komplex entstand ab 1908 an Stelle einer Reihe spätmittelalterlicher Häuser, ist außen einheitlich aus grauem Tuffgestein gestaltet und an Fenstern und Eingängen mit verspielten Bildhauerarbeiten dekoriert. Von West nach Ost und von Nord nach Süd durchqueren Passagen den Messebau. Die Gänge der *Geschäftspassage* weiten sich zu drei überdachten *Innenhöfen*, in den Auslagen der Geschäfte finden sich Pralinen und Krawatten, Bücher, edle Weine und Zigarren.

Das attraktive *Café Riquet* (www.riquethaus.de) nutzt das Erdgeschoss des **Riquethauses** Ecke Schuhmachergässchen/Reichsstraße. Das Paradebei-

Nostalgischen Charme atmet das Café Riquet an der Reichsstraße

Bunt geht es in Specks Hof zu – mit Auslagen, Konsumenten und vielfarbigen Wandbildern

spiel für ein privates Messehaus wurde in den Jahren 1908/09 von Paul Lange im Auftrag der Ostasiatika-Handelsfirma Riquet erbaut, die bereits seit 1745 Tee, Kaffee, Kakao und Gewürze importierte. Die verspielte Mischung von asiatischen Motiven und Jugendstildekorationen an der Fassade und besonders die großen Elefantenköpfe über dem Eingang erinnern an diese Vergangenheit. Auch der pagodenartige Dachaufbau zeugt von fernöstlichen Einflüssen.

17 Nikolaikirche

TOP TIPP *Die gewagte bauliche Mischung aus Gotik und Klassizismus wurde zum Symbol der friedlichen Revolution.*

Nikolaikirchhof 3
Tel. 03 41/124 53 80
www.nikolaikirche-leipzig.de
tgl. 10–18 Uhr
Bus 89 Reichsstraße

St. Nikolaus ist die erste Gemeindekirche Leipzigs. Ihre Gründung datiert ins Jahr 1150. In der Wahl des Kirchenpatrons zeigt sich, wie wichtig schon damals der Handel für die Stadt war: St. Nikolaus ist der **Schutzheilige der Kaufleute**. Von dem romanischen ersten Bau sind Teile der Westfassade erhalten.

Die Nikolaikirche ist 63 m lang und 46 m breit. Das strenge **Äußere** mit den einfachen Spitzbogenfenstern und den schmucklosen Portalen verdankt sie ihrer Erweiterung im Stil der Gotik in den Jahren 1513–26. Seither präsentiert sie sich als dreischiffige **Hallenkirche**.

Doch wer glaubt, vom nüchternen Äußeren auf das Innere schließen zu können, kann sich auf eine Überraschung gefasst machen. Denn der **Innenraum** der Kirche ist in gedecktem Grün, Weiß und Rosa gestaltet und wirkt dadurch hell und fröhlich. Stadtbaumeister Johann Carl Friedrich Dauthe (1746–1816) hat hier ein wunderliches Meisterwerk vollbracht, als er Ende des 18. Jh. nach neuester französischer Mode die alten Elemente der Kirche kunstvoll mit Stuck und Farben besetzte, sodass die Säulen emporstrebenden *Palmen* gleichen. Die *Decke* weist eine rautenförmige Kassettenstruktur auf und die *Fenster* sind so verdeckt, dass sie vom Mittelgang aus nicht zu sehen sind und lediglich als lichtbringende Hintergrundgläser erscheinen. Kirchenbänke und Empore sind weiß gestrichen, was den hellen freundlichen Charakter betont. Die *Gemälde* an den Wänden ringsum stammen von Adam Friedrich Oeser. Das älteste Stück der Kirche ist das *Holzkruzifix* am Altar aus romanischer Zeit.

Die **Orgel** auf der Empore wurde 1855–62 von der Weißenfelser Firma Ladegast gebaut und hatte ursprünglich 85 Register und 6314 Pfeifen. Nach einer Restaurierung 1902 stieg die Registerzahl sogar auf 94 an. An Samstagnachmittagen finden Orgelkonzerte statt.

Audio-Feature: Nikolaikirche
QR-Code scannen [s.S.5]
oder dem Link folgen:
www.adac.de/rf0019

18 Nikolaikirchhof

Wo Gottfried Wilhelm Leibniz und Richard Wagner zur Schule gingen und griechische Keramik lagert.

Bus 89 Reichsstraße

Der Nikolaikirchhof weitet sich an der Nordseite zu einem belebten Platz. Die Tische des Gasthauses *Alte Nikolaischule*

Nikolaikirche – offen für alle

Anfang der 1980er-Jahre wurde an den evangelischen Kirchen der DDR die Friedensdekade begangen. Es war eine Zeit, in der sich DDR-Bürger zunehmend zum christlichen Glauben bekannten und die Arbeit in den Kirchen als Alternative zu staatlich gelenktem Engagement sahen. In diesem Rahmen fanden sich Basisgruppen, die über gesellschaftlich relevante Themen diskutierten. An der Leipziger Nikolaikirche formierte sich eine **Basisgruppe Friedensdienst**, die ab September 1982 regelmäßig Friedensgebete durchführte. *Pfarrer Christian Führer* legte immer Wert darauf, dass diese ›offen für alle‹ waren. Dabei war es kein Geheimnis, dass eine nicht unbeträchtliche Zahl der regelmäßig Anwesenden von der Staatssicherheit geschickt war.

Ab **Mai 1989** wurden die Zufahrtswege zur Kirche polizeilich kontrolliert, montags, wenn um 17 Uhr die Friedensgebete stattfanden, wurden sie sogar gesperrt. Dennoch füllten sich die 2000 Plätze der Kirche. Beim *40. Jahrestag der DDR* am 7. Oktober 1989 war es zu heftigen Prügeleien mit Demonstranten und zahllosen Festnahmen gekommen. Das darauf folgende **Montagsgebet** am 9. Oktober wurde mit Spannung erwartet. Nach einem Aufruf der SED-Führung hatten um 14 Uhr bereits rund 600 Parteigenossen viele Plätze der Kirche besetzt. Dennoch fanden auch zahlreiche Gläubige Platz. Pfarrer Führer rief zu Vernunft und Friedfertigkeit auf, und es wurde ein Appell des Gewandhauskapellmeisters Kurt Masur verlesen, der ebenfalls auf Gewaltlosigkeit setzte.

Als der Gottesdienst beendet war, stieß die staunende Gemeinde beim Hinausgehen auf eine Menge von mehreren zehntausend Menschen, die sich um die Kirche versammelt hatten und brennende Kerzen in den Händen hielten. Das war die erste der ungenehmigten Großdemonstrationen in der DDR – sie machte Schule im ganzen Land. Die später so genannte **friedliche Revolution** war nicht mehr aufzuhalten: Im **November 1989** fiel die Mauer und bald darauf war Deutschland nicht länger geteilt.

Auch heute findet jeden Montag um 17 Uhr ein Friedensgebet statt, danach sammeln sich oft Bürger zu Demonstrationen. Sie rufen nicht mehr **›Wir sind das Volk‹** wie 1989, aber auch sie versuchen, auf soziale Missstände aufmerksam zu machen.

Von der Nikolaikirche gingen die Montagsdemonstrationen aus

(www.alte-nikolaischule.de) tragen zu seinem besonderen Flair ebenso bei wie ein *Brunnen* und *illuminierte Pflastersteine* sowie die **Palmenkapitellsäule**. Die Kopie aus dem Inneren der Nikolaikirche erinnert an die Bedeutung des Ortes für die politische Wende von 1989.

Die Nordseite des Platzes nimmt die **Alte Nikolaischule** [Nr. 19] ein. Das gleichnamige Lokal im Erdgeschoss wartet mit einem günstigen Mittagstisch und einladender Atmosphäre auf. Im Gastraum im Erdgeschoss wurden früher die Unterrichtsstunden erteilt. Im 1. Obergeschoss hat das *Antikenmuseum* der Universität Leipzig seinen Sitz, darüber die Leipziger Kulturstiftung.

Neben der Nikolaischule steht das neogotische **Predigerhaus** von 1887. Sein Architekt Hugo Licht versah es mit Dreiecksgiebel, zwei Fassadenerkern sowie einem türmchenbekrönten Eckerker. Schräg gegenüber schaut das **Geschwister Scholl-Haus** (1910) auf den Kirchhof. Der Spruch ›Handel schafft Wandel‹ über dem Portal weist auf seine Bestimmung als erste deutsche Handelshochschule hin.

19 Antikenmuseum
Alte Nikolaischule

Wo Gottfried Wilhelm Leibniz und Richard Wagner zur Schule gingen, wird griechische Keramik gezeigt.

Nikolaikirchhof 2
Tel. 03 41/973 07 00
www.uni-leipzig.de/antik
Di–Do, Sa, So 12–17 Uhr
Bus 89 Reichsstraße

Die Leipziger Antikensammlung residiert in der 1586 errichteten **Alten Nikolaischule**. Unter den jungen Leuten, die hier bis 1872 zur Schule gingen, waren viele spätere Berühmtheiten wie der Philosoph und Universalgelehrte Gottfried Wilhelm Leibniz (1646–1716), der Jurist Christian Thomasius (1655–1738) und der Komponist Richard Wagner (1813–1883).

Inzwischen hat das **Gasthaus Alte Nikolaischule** (Tel. 0341/211 85 11, www.altenikolaischule.de) das Erdgeschoss bezogen. Als Gastraum dient ihm das originalgetreu restaurierte *Große Auditorium* der ehrwürdigen Bildungsstätte.

Ein ungewöhnlicher Anblick ist die Palmenkapitellsäule auf dem Nikolaikirchhof.

Im 1. Obergeschoss ist die **Antikensammlung** der Universität Leipzig zu sehen. Sie besitzt vor allem antike Klein- und Gebrauchskunst. Terrakotta- und Bronzefiguren, griechische und römische Marmorskulpturen, Tonlampen und Gläser ermöglichen den Überblick über die Kunstgattungen und Epochen der antiken Kultur von etwa 2000 v. Chr. bis etwa 500/600 n. Chr. Ausgestellt sind rund 450 der bedeutendsten Werke: Im *Saal des Kouros von Naukratis* etwa werden altägäische, trojanische und mykenische Stücke gezeigt. Im *Saal der attischen Vasen* sind ausgesucht schöne Einzelstücke aus dem 6. und 5. Jh. v. Chr. zu sehen, im Marmorsaal posieren römische und griechische Skulpturen.

Die Abgusssammlung besitzt über 600 historische Gipsabgüsse griechischer und römischer Skulpturen, deren Originale sich in Museen der ganzen Welt befinden. Als Abgüsse an einem Ort versammelt, ermöglichen sie vergleichende Studien in Forschung und Lehre.

Im 2. Obergeschoss schließlich residiert die **Kulturstiftung Leipzig** (http://kulturstiftung-leipzig.de), die auch die Restaurierung der Alten Nikolaischule organisierte. Sie verfügt hier mit der 1827 eingebauten *Aula* über einen beliebten Veranstaltungsraum. Regelmäßig werden dort Gesprächskreise oder Konzerte veranstaltet.

20 Zeitgeschichtliches Forum

TOP TIPP *Wie war das? – DDR-Geschichte informativ präsentiert.*

Grimmaische Straße 6
Tel. 03 41/222 00
www.hdg.de
Di–Fr 9–18, Sa/So 10–18 Uhr
Bus 89 Markt

Das Zeitgeschichtliche Forum ist der ideale Ort, um sich über Geschichte und politisches System der untergegangenen DDR zu informieren. Es befindet sich in den oberen Geschossen des 1912–14 erbauten **Zentralmessepalastes**, dessen an die lokale Renaissanceästhetik

Gipsabguss einer nackten Schönen in der Antikensammlung am Nikolaikirchhof

angelehnte Giebelform an vergangene Kaufmannsherrlichkeit erinnert.

Ausgehend von der Situtation nach dem Zweiten Weltkrieges werden beim chronologisch aufgebauten Rundgang durch die Dauerausstellung alle Aspekte des Lebens in der Deutschen Demokratischen Republik beleuchtet. Man erfährt, wie die SED mithilfe von Schauprozessen und dem auf die Überwachung der Bürger spezialisierten Ministeriums für Staatssicherheit ihre Macht sicherte. Ausführlich wird der Volksaufstand von 1953 gewürdigt. Die Gründe für die Abkehr der DDR-Oberen vom Stalinismus Ende der 1950er-Jahre werden ebenso erklärt wie der Mauerbau und seine Folgen für das Leben der DDR-Bürger. Es geht um die Flucht aus der DDR und den Alltag im real existierenden Sozialismus. Plan- und aus ihr folgende Misswirtschaft sowie das stetig expandierende Spitzelsystem der Stasi nehmen breiten Raum ein.

Gleiches gilt für die politischen Veränderungen im Ostblock, die mit der Wahl Michail Gorbatschows zum Vorsitzenden der KPdSU ihren Anfang nahmen und im Epochenjahr 1989 in der Friedlichen Revolution kulminierten.

Abschließend verfolgt die Schau den Weg zur Wiedervereinigung und die bis heute umstrittene Arbeit der Treuhand

Die Skulptur ›Jahrhundertschritt‹ zwischen den Flaneuren auf der Grimmaischen Straße

bei der Abwicklung der staatseigenen Betriebe der DDR. Auch beschreibt sie die psychologischen Hürden, die es noch bis zur Vollendung der ›inneren Einheit Deutschlands‹ zu überwinden gilt.

Die Bronzeskulptur an der Grimmaischen Straße vor dem Zentralmessepalast trägt den Namen ›**Jahrhundertschritt**‹. Der Bildhauer Wolfgang Mattheuer schuf diese Allegorie auf die enormen Veränderungen, die das 20. Jh. gebracht hat.

21 Mädlerpassage

TOP TIPP

Berühmte Einkaufspassage und Standort von Auerbachs Keller, den Goethe in seinem ›Faust‹ verewigte.

Grimmaische Straße 3–4, Neumarkt 11
www.maedler-passage-leipzig.de
Auerbachs Keller:
www.auerbachs-keller-leipzig.de
Tel. 03 41/21 61 00
Besichtigung des Fasskellers: tgl. 11 und 15 Uhr, nur auf Anmeldung
Bus 89 Markt

Die Mädlerpassage ist die eleganteste **Shoppingdestination** Leipzigs. In den Auslagen ihrer Geschäfte glänzt kostbarer Schmuck, sind Haute Couture und Maßanzüge zu bewundern, außerdem Lederwaren und Kristallarbeiten. Ihre zwei Durchgänge durchziehen das vierstöckige Porzellanmessehaus, das der Kommerzienrat und Fabrikant Anton Mädler 1912–14 erbauen ließ. Den Treffpunkt der beiden über zwei Stockwerke hin offenen Passagen überwölbt eine achteckige **Glaskuppel**, unter der ein *Glockenspiel* aus Meissener Porzellan hängt. Auch zur benachbarten *Messehofpassage* besteht eine Verbindung.

Zwei überlebensgroße *Figurengruppen* nahe dem Ausgang zur Grimmaischen Straße weisen den Weg hinab in **Auerbachs Keller**: Rechts steht Faust mit Mephistopheles, links drei trunkene Studenten. Sie wurden 1913 von Mathieu Molitor als Bronzeguss geschaffen.

Die bekannteste Attraktion der Mädlerpassage geht auf einen bereits 1525 eröffneten Weinausschank zurück. In jenem Jahr soll Dr. Faustus, ein Professor aus Wittenberg, Leipzig besucht und mit Hilfe von Magie auf einem Weinfass aus dem Keller geritten sein. Johann Wolfgang von Goethe las von der sagenhaften Begebenheit und verarbeitete sie in seinem Drama ›Faust‹. Der Rest ist Literaturgeschichte...

Der *Große Keller*, Hauptraum des heute existierenden Gasthauses, entstand freilich erst beim Bau der Mädlerpassage. Seine Wände zieren Szenen aus dem ›Faust‹. Erst abends um 18 Uhr öffnen die übrigen Kellergewölbe. Sie stammen tatsächlich noch aus der Renaissancezeit. Im *Goethekeller*, wo der junge Dichter gezecht haben soll, hängen zwei Bilder des Leipziger Kupferstechers Andreas Brettschneider vom Anfang des 17. Jh. Sie zeigen Fausts Ritt auf dem Fass und die

Shoppingspaß im Edelmaß in der Mädlerpassage

trunkenen Studenten. Szenen aus dem ›Faust‹ präsentieren auch die 1867 von Heinrich Bey gestalteten Wandgemälde im Tonnengewölbe des *Fasskellers*.

Audio-Feature: Mädlerpassage
QR-Code scannen [s. S. 5] oder dem Link folgen: www.adac.de/rf0017

22 Städtisches Kaufhaus

Kein Kaufhaus, sondern das erste Mustermessehaus der Stadt.

Neumarkt 9–19
Bus 89 Reichsstraße oder Markt

Am Neumarkt, einer der großen Einkaufsstraßen Leipzigs, befindet sich das Städtische Kaufhaus. Ein Kaufhaus im eigentlichen Sinne ist es allerdings nicht – vielmehr teilen sich *Modeboutiquen* und Büros den neobarocken Bau.

Auch als das Gebäude 1897 erbaut wurde, war es kein Kaufhaus, sondern diente als Mustermessehaus. [s. S. 74]. Die Flügel dieses veritablen Messepalastes umgeben, den Grundrissen der Vorgängerbauten geschuldet, asymmetrisch einen länglichen *Innenhof*. Bei schönem Wetter kann man hier in aller Ruhe unter den Sonnenschirmen des Feinschmeckerrestaurants *Max Enk* (Tel. 0341/ 99 99 76 38, www.max-enk.de) einkehren.

Zur Universitätsstraße hin steht auf Höhe des ersten Stocks eine *Bronzeskulptur* von Kaiser Maximilian I. Bildhauer Carl Seffner erinnerte damit an die Verleihung des Reichsmesseprivilegs durch den Kaiser im Jahr 1497, genau 400 Jahre vor der Fertigstellung des Gebäudes.

23 Ringbebauung am Rossplatz

Wohnpaläste für Arbeiter – ein solides Überbleibsel aus stalinistischer Vergangenheit.

Tram 2, 9, 16 Rossplatz

In den 1950er-Jahren ließ die DDR-Regierung in Berlin entlang der Karl-Marx-Allee

Goethes ›Faust‹ machte Auerbachs Keller berühmt – im Fasskeller hängt der ›Hexenritt‹

Arbeiterpaläste errichten, um so den Aufschwung im Arbeiter- und Bauernstaat zu dokumentieren. In Leipzig verfolgte die Bezirksregierung ein ähnlich ehrgeiziges Projekt: Nach Plänen der Baubrigade Rudolf Rohrer entstanden 1953–55 die konkav geschwungenen Gebäude am Rossplatz. Der sieben- bis neungeschossige monumentale Komplex wird von drei flacheren ›liegenden‹ und zwei höheren ›stehenden‹ Gebäudeteile gegliedert. Ganz im Sinne des Stalinismus nahm man keinerlei Rücksicht auf die hergebrachte städtebauliche Struktur und riegelte mehre Seitenstraßen einfach ab. Der gesamte Bau besitzt 197 Wohnungen, im Erdgeschoss befinden sich einige Geschäfte und Lokale. Das große *Ring-Café* mit Terrasse im ersten Stock, dessen Name unübersehbar an der Fassade prangt, ist leider nur bei besonderen Veranstaltungen geöffnet.

Vor dem Rossplatz-Bau steht an der Einmündung der Goldschmidtstraße der zierliche, eine Wasserträgerin darstellende **Mägdebrunnen**, dessen Bronzefigur Werner Stein 1906 nach einem Motiv aus Goethes ›Faust‹ geschaffen hat.

Kontrastprogramm – von Landidyll inspirierter Mägdebrunnen vor der Ringbebauung

24 Moritzbastei

Vielfältige Kunst und Kultur blühen in der einstigen Militäranlage.

Universitätsstraße 9
Tel. 03 41/70 25 90
www.moritzbastei.de
Tram 16 Rossplatz

Das Kulturzentrum in der Moritzbastei ist eine der besten Adressen Leipzigs für hochklassige Kulturevents in lockerer Atmosphäre. Nachmittags ist die Moritzbastei Café, abends Kneipe und Veranstaltungsort, an Wochenenden Disco und im Sommer Freilichttheater und Open-Air-Kino.

Einen Gutteil ihrer ganz besonderen Atmosphäre verdankt die Moritzbastei ihren uralten Gemäuern. Bis weit ins 18. Jh. hinein war Leipzig von Mauern, Gräben und Wällen umgeben. Nach dem Schmalkaldischen Krieg ließ Herzog Moritz Mitte des 16. Jh. die **Verteidigungsanlagen** verstärken und an den Ecken mit mächtigen Basteien versehen. Während ein Großteil der Stadtmauern Ende des 18. Jh. geschleift wurde, blieb die Moritzbastei am südöstlichen Eck verschont, weil dort 1796 die **Städtische Bürgerschule** auf die Wallanlage gebaut worden war. Kasematten und Wehrgänge wurden jedoch mit Erdreich und Schutt verfüllt. Das Schulgebäude fiel dann den Bomben des Zweiten Weltkriegs zum Opfer.

Erst in den 1970er-Jahren entdeckten Studenten auf dem grün überwucherten Brachland unweit ihrer Universität die historischen Mauern und begannen, das alte backsteinerne Bastionsgebäude freizulegen. Gänge und Gewölbe, tief gestaffelte Innenhöfe und Kasematten wurde ausgegraben. Anschließend machten sich die jungen Leute die erschlossenen Räume zu eigen, und so herrscht hier seit 1974 ein buntes Treiben.

25 Augustusplatz

Am größten Platz Leipzigs erzählt jedes Gebäude eine Geschichte.

Tram 4, 7, 8, 10, 11, 12, 15, 16
Augustusplatz

Am Augustusplatz stehen sich mit Gewandhaus [Nr. 27] und Oper [Nr. 29] die Musentempel Leipzigs gegenüber. Auch die Universität [Nr. 28] hat hier ihren Sitz.

Wo heute der Verkehr auf Leipzigs Innenstadtring mehrspurig am Augustusplatz vorbeibraust, befanden sich bis ins 19. Jh. Stadtmauer und Grimmaisches Tor. 1831 wurden die Wallanlagen der Stadtbe-

Panorama Augustusplatz: Opernhaus mit neobarockem Mendebrunnen

festigung geschleift und der Grund als Augustusplatz ausgewiesen. Anschließend entstanden repräsentative Bauwerke im Stil des Klassizismus.

Die meisten von ihnen wurden jedoch bei Bombenangriffen im Zweiten Weltkrieg zerstört, später fielen weitere historische Bauten dem nicht minder rücksichtslosen Erneuerungswillen der DDR-Regierung zum Opfer. An einen dieser Verluste erinnert die **Universität** [Nr. 28] auf der Westseite des Augustusplatzes, bei deren Gestaltung sich die Architekten von der 1968 gesprengten *Paulinerkirche* inspirieren ließen.

Die Ostflanke des Augustusplatzes beherrscht die **Alte Hauptpost** (1961–64). Sie entstand unter Leitung von Kurt Nowotny. Zur Zeit dient sie als Event-Location. In der Nachbarschaft kamen in der Nachkriegszeit ein breitgelagerter Hotelkomplex und der Verwaltungsbau eines Chemiekombinats hinzu.

Im Norden erhebt sich die 1960 feierlich eröffnete **Oper** [Nr. 29]. Die Häuserzeile in ihrem Westen wird vom elfgeschossigen *Kroch-Hochhaus* überragt. Das erste Hochhaus Leipzigs wurde 1927/28 errichtet und ist Heimstatt des **Ägyptischen Museums** [Nr. 30]. Seine schmucklose Fassade steht in markantem Kontrast zum klassizistischen **Franz-Mehring-Haus** (Goethestr. 3–5) nebenan.

Ein zweites Stahlbetonkonstrukt, das 13-stöckige **Europahaus**, erhebt sich an der Südostecke beim Ring. Eine Versicherung ließ es 1929 errichten. Nach wie vor dient es als Bürogebäude.

Architektonisches Glanzlicht im Süden ist das **Gewandhaus** [Nr. 27]. Über eine Brückengalerie ist das Konzerthaus mit dem **MDR-Kubus** (2001) verbunden. Der schwarze Würfel des Dresdner Architekten Peter Kulka dient den Orchestern des Mitteldeutschen Rundfunks als Probehaus und Aufnahmestudio.

Vor dem Gewandhaus steht der nach seiner Stifterin *Marianne Pauline Mende* benannte neobarocke **Mendebrunnen** (1886). Geschaffen hat ihn der Münchner Bildhauer *Jacob Ungerer*. Um einen 18 m hohen Obelisken aus rotem Meissener Granit reihen sich temperamentvoll bewegte Bronzefiguren aus der griechischen Mythologie. Tritonen, Kinder des Poseidon, halten die geflügelten Hippokampen, feurige Pferde mit Fischleibern, am Zügel. Für Sex-Appeal sorgen die hübschen Nereiden. Diese Nymphen der Ozeane waren ständige Begleiterinnen des Meeresgottes Poseidon.

26 City-Hochhaus

TOP TIPP

Weiter Blick vom höchsten Haus des Bundeslandes Sachsen.

Augustusplatz 9
www.panorama-leipzig.de
Dachterrasse ab 9 Uhr geöffnet
Tram 4, 7, 8, 10, 11, 12, 15, 16
Augustusplatz

Zum Wahrzeichen Leipzigs avancierte das 142 m hoch aufragende *Universitätshochhaus* (1968–72) von Hermann Henselmann an der Südwestecke des Augustusplatzes. Der schnittige, kühl glänzende Baukörper hat die Form eines aufgeschlagenen Buches – sehr passend für eine Universität in der Buchstadt Leipzig. Das Land Sachsen verkaufte das Hochhaus Ende der 1990er-Jahre an eine Bank, die es zu einem modernen Bürogebäude umbaute. Seitdem heißt es City-Hochhaus. Mit dem Lift gelangt man ins 29. Stockwerk. Hier lädt das Restaurant *Panorama Tower* zu lukullischen Genüssen auf 120 m Höhe ein. Den herrlichen Blick über Leipzig gibt es als Dreingabe. Gegen Eintritt kann man allerdings auch die Aussicht genießen, ohne im Restaurant einkehren zu müssen.

27 Gewandhaus

Die moderne Spielstätte des Orchesters der Spitzenklasse lockt jährlich eine halbe Million Besucher.

Augustusplatz 8
Tel. 03 41/127 00
www.gewandhaus.de
Öffnung des Hauptfoyers außerhalb des Konzertbetriebes Mo–Fr 10–18, Sa 10–14 Uhr, Führungen unregelmäßig Do und Sa
Kartenbestellung Tel. 03 41/127 02 80 oder ticket@gewandhaus.de
Tram 4, 7, 8, 10, 11, 12, 15, 16
Augustusplatz

Seit über 270 Jahren gibt es das **Gewandhausorchester**, das erstmals 1743 im Gasthaus ›Zu den drey Schwanen‹ unter dem Namen ›Großes Concert‹ zu hören war. Seinen heutigen Namen erhielt das Ensemble, als es 1781 im Gewandhaus,

Mit seinem spitz zulaufenden Giebel zitiert das Paulinum die zerstörte Paulinerkirche

dem Gildesaal der Tuchmacher, aufspielte. Viermal musste es umziehen, bis es schließlich in sein heutiges Konzertgebäude am Augustusplatz einzog, das wiederum nach dem zweiten Spielort des Orchesters ›Gewandhaus‹ benannt wurde. Nach vier Baujahren wurde es am 8. Oktober 1981 anlässlich des 200. Jubiläums des ersten Konzerts im Gildesaal der Tuchmacher eingeweiht. Es ist das Werk eines Leipziger Architektenkollektivs unter der Leitung von Rudolf Skoda.

Der massige Betonbau öffnet sich mit seiner großen Glasfassade zum Platz. Sie gibt den Blick nach innen frei auf das über mehrere Stockwerke reichende Wandgemälde von Sighard Gille. Auf über 700 m^2 thematisiert es den ›**Gesang vom Leben**‹, inspiriert von Gustav Mahlers ›Lied von der Erde‹. Vom Foyer führen mehrere Freitreppen zum **Großen Saal** (1920 Plätze). Er besitzt eine ausgezeichnete Akustik und zählt zu den schönsten Konzertsälen Deutschlands. Er steht auf einem asymmetrischen, sechseckigen Grundriss und ist, einem Amphitheater gleich, auf die Bühne und den großen Orgelprospekt ausgerichtet.

Die **Orgel** aus der Werkstatt der Potsdamer Firma Schuke ist mit 6638 Pfeifen, vier Manualen und 89 Registern die größte, die je in der DDR hergestellt wurde. Im Winterhalbjahr gibt es oft samstags um 17 Uhr Orgelkonzerte, bei denen alle Register des großartigen Instruments gezogen werden. Über der Orgelempore steht der programmatische Sinnspruch des römischen Dichters Seneca, der schon im ersten Gewandhaussaal an der Wand geprangt hatte: ›Res severa verum gaudium‹ – ›Wahre Freude ist eine ernste

Heimspiel – Gewandhausorchester im Großen Saal ihres Stammhauses

Sache‹. Diesem Motto ist das Gewandhausorchester bis heute verpflichtet.

Der ebenfalls sechseckige kleine **Mendelssohn-Saal** fasst 500 Zuhörer. Er ist vollständig holzgetäfelt und als Mehrzwecksaal nutzbar.

Reise-Video: Gewandhaus
QR-Code scannen [s.S.5] oder dem Link folgen: www.adac.de/rf0027

28 Universität

30 000 Studierende bringen Leben und frischen Wind in die Stadt.

Augustusplatz 10
www.uni-leipzig.de
Mo–Fr 7–20 Uhr
Tram 4, 7, 8, 10, 11, 12, 15, 16 Augustusplatz

Seit Jahrhunderten prägt die Alma Mater Lipsiensis, zu DDR-Zeiten *Karl-Marx-Universität* genannt, das geistige Leben der Stadt. Ihr Hauptgebäude am **Campus Augustusplatz** erstreckt sich östlich des Gewandhauses.

Geschichte 46 deutsche Magister und 369 deutsche Studenten verließen 1409 unter Protest die *Prager Universität*, nachdem ihnen ein tschechischer Rektor vorgesetzt worden war. In Leipzig fanden sie Aufnahme. Der Landgraf von Thüringen und der Markgraf von Meißen förderten die Errichtung zweier **Kollege** in der Petersstraße und der Ritterstraße, wo sich heute wieder das Rektorat befindet.

Nach der **Reformation** kamen viele Protestanten aus dem Osten und Südosten des Deutschen Reiches und den angrenzenden Ländern nach Leipzig. So wuchs die Universität zu einer der bedeutendsten Mitteleuropas heran. Um den gestiegenen Raumbedarf zu decken, überschrieb ihr Herzog Moritz 1544 das säkularisierte Paulinerkloster am heutigen Augustusplatz. In den folgenden Jahrhunderten lernten und lehrten be-

Tonkünstler der ersten Stunde

Während in Dresden das Fürstenhaus die schönen Künste förderte, übernahmen diese Aufgabe in Leipzig wohlhabende Bürger, die protestantische Kirche und die Universität. 1743 gründeten 16 Kaufleute einen **Konzertverein** und finanzierten erstmals ein professionelles Orchester, das unter dem Namen ›Das große Concert‹ regelmäßig im Gasthof ›Zu den drey Schwanen‹ aufspielte. 1781 bezog das Orchester den von Johann Carl Friedrich Dauthe zum Konzertsaal umgebauten oberen Tuchboden des Hauses der Tuchwarenhändler, nach dem es bald **Gewandhausorchester** genannt wurde. 1840 folgte die Erhebung zum Stadtorchester, verbunden mit der Pflicht, bei festlichen Anlässen zu spielen und Konzerte in den beiden Gemeindekirchen St. Thomas und St. Nikolai zu geben.

100 Jahre nach Bezug der Räume bei den Tuchmachern musste das Gebäude der Neugestaltung der Messe weichen. So erhielten die Musiker 1884 ein eigenes **Konzerthaus in der Beethovenstraße**. Der stattliche Bau wurde im Februar 1944 bei einem Luftangriff zerstört, sodass das Orchester zunächst in einem alten *Kino* spielte und dann in die *Kongresshalle* am Zoo auswich. Pünktlich zur 200-Jahr-Feier des ersten Auftritts im Gildesaal der Tuchmacher konnte dann 1981 der aufwendige **Neubau** des Gewandhauses am Augustusplatz eingeweiht werden.

Das Gewandhausorchester ist eines der großen **Sinfonieorchester** der Welt, das vielfach auf Konzerttourneen geht und überall Freunde klassischer Musik begeistert. Seit 2005 leitet es Riccardo Chailly, doch der wohl berühmteste der bislang 19 **Gewandhauskapellmeister** war Felix Mendelssohn Bartholdy, der das Orchester 1835–47 zu internationalem Ruhm führte und erneut Interesse für das zu dieser Zeit beinahe in Vergessenheit geratene Werk Johann Sebastian Bachs weckte.

Unter den prominenten **Uraufführungen** des Gewandhauses sind zu nennen: das Tripelkonzert von Ludwig van Beethoven (1808), die große C-Dur-Sinfonie von Franz Schubert (1839), die Frühlingssinfonie von Robert Schumann (1841), die Schottische Sinfonie von Felix Mendelssohn Bartholdy (1842) sowie Anton Bruckners 7. Sinfonie (1884).

Vor der Uni-Mensa steht das Denkmal für Albrecht Thaer, einen großen Agrarwissenschaftler

rühmte Studenten und Dozenten wie Gottfried Leibniz oder Christian Fürchtegott Gellert, Friedrich Nietzsche, Erich Kästner oder Uwe Johnson an der Hochschule. Sie alle stehen für die große geistige Tradition der Leipziger Alma Mater.

Besichtigung Das ganze Geschichtsbewusstsein der Universität spiegelt sich in den Unigebäuden am Augustusplatz. Denn beim Neubau des **Paulinums**, einer Kombination aus Aula und Universitätskirche, orientierte sich der niederländische Architekt Erick van Egeraat an den Formen der Paulinerkirche [s. S. 56]. Sie stand bis zu ihrer Sprengung 1968 an diesem Ort. Der steile Giebel zitiert das gotische Gotteshaus ebenso wie das Kreuzrippengewölbe im Inneren. Die Fassadengestaltung dagegen ist mit ihrem Wechsel zwischen Glaselementen und Betonträgern ganz dem 21. Jh. verpflichtet. Bis zur vollständigen Fertigstellung wird es aber noch bis 2014 dauern.

An das Paulinum schließt das **Neue Augusteum** an, das Hauptgebäude der Universität. Hier haben mehrere Institute ihren Sitz, es gibt Seminarräume und das Auditorium Maximum, den größten Hörsaal der Universität. In einer eigenen Galerie werden zudem Wechselausstellungen, bestückt aus den hochschuleigenen Kunstsammlungen, gezeigt.

Wer sich eingehender über die Geschichte der Leipziger Universität informieren will, sollte seine Schritte zum **Rektoratsgebäude** (Ritterstraße 2, Tel. 0341/9730170, www.uni-leipzig.de/kustodie, Mo 11–15 Uhr und nach Vereinbarung) lenken. Die Ereignisse, die zur Gründung der Hochschule führten, werden ebenso erläutert wie der Einfluss Leipziger Gelehrter auf die Aufklärung in Deutschland. Gemälde aus der Cranachschule, Epitaphien aus der untergegangenen Paulinerkirche und die Freundschaftsgalerie des Leipziger Verlegers Reich sind ebenfalls zu sehen.

Audio-Feature: Universität
QR-Code scannen [s. S. 5]
oder dem Link folgen:
www.adac.de/rfo023

29 Oper

Ein Ohren- und Augenschmaus – Musiktheater mit bürgerlicher Tradition seit über 300 Jahren.

Augustusplatz 12
www.oper-leipzig.de
Kasse Mo–Fr 10–20, Sa 10–16 Uhr
Kartenbestellung Tel. 0341/1261261
Tram 4, 7, 8, 10, 11, 12, 15, 16
Augustusplatz

Mit kurfürstlicher Erlaubnis konnten die Bürger Leipzigs 1693 ihr erstes Opernhaus

Das traurige Ende der Paulinerkirche

Am 30. Mai 1968 war der gesamte Karl-Marx-Platz, heute Augustusplatz, früh morgens weiträumig abgesperrt. Kaum jemand wusste warum. Um 10 Uhr detonierten 750 kg Sprengstoff und die von Krieg und Zeitgeschehen bis dahin völlig verschont gebliebene spätgotische Universitätskirche fiel innerhalb von sechs Sekunden in sich zusammen. Küster, Pfarrer und Organist konnten den Altar, einige Epitaphe, Orgelpfeifen und mittelalterliche Kunstwerke retten. Sie gehören heute zur Sammlung der Kustodie der Universität Leipzig.

Lange Jahre tobte in Leipzig ein Glaubenskrieg zwischen den Befürwortern eines originalgetreuen Wiederaufbaus und den Verfechtern einer Neubebauung des Areals in modernen Formen. Verwirklicht wurde schließlich das **Paulinum**, dessen Fassade zwar die Gestalt der zerstörten Kirche St. Pauli aufgreift, sie aber stark verfremdet. Zum 605. Jahrestag der Universitätsgründung am 2. Dezember 2014 soll das geistige und geistliche Herz der Alma Mater eröffnen.

am Ranstädter Tor einweihen. Es hatte nur kurz Bestand, doch bis zu seinem Abriss 1729 wurden dort über 100 Opern aufgeführt. Ein neuer, später dann *Altes Theater* genannter Bau entstand 1766 am selben Platz und diente bis zu seiner Zerstörung 1943 als Stadttheater. Dort wirkten Berühmtheiten wie E.T.A. Hoffmann (1813/14), Heinrich Marschner (1827–31) und Albert Lortzing (1833–45) als musikalische Direktoren oder Dirigenten.

Die Rolle des Musiktheaters übernahm ab 1868 das *Neue Theater* am Augustusplatz, das ab 1912 nur noch Opern spielte. Das Haus kann eine Reihe von prominenten Uraufführungen vorweisen, darunter ›Der Vampir‹ (Marschner 1828), ›Zar und Zimmermann‹ (Lortzing 1837), ›Genoveva‹ (Schumann 1850), ›Aufstieg und Fall der Stadt Mahagonny‹ (Weill 1930) und ›Catulli Carmina‹ (Orff 1943). In der Nacht des 3. auf den 4. Dezember 1943 wurden sowohl das Neue als auch das Alte Theater zerbombt.

Nach drei Architekturwettbewerben und fünfjähriger Bauzeit wurde das neue Opernhaus an alter Stelle 1960 mit einer Aufführung der ›Meistersinger von Nürnberg‹ eingeweiht. Kunz Nierade entwarf den hellen *Elbsandsteinbau* mit klarer Gliederung, einem klassizistischen Giebelfeld am herausragenden Baukörper des großen Saals und modernistischen Stilisierungen in der Dekoration. Im Reliefband, das über dem Sockelgeschoss um das ganze Gebäude läuft, findet sich

Edel, kühl und glänzend – Blick in das Foyer der Oper Leipzig mit seinen Lüstern

Das festlich beleuchtete Opernhaus der Stadt Leipzig am Augustusplatz

an der zum Cityring gewandten Seite die letzte im Stadtbild erhaltene Darstellung des DDR-Wappens.

Die **Innenausstattung** zeigt das Beste, was in den 1960er-Jahren möglich war: Die Säulen sind mit Meissener Porzellanfliesen verkleidet, die Handläufe bestehen aus Messing, die Holztäfelungen aus Schweizer Birnenholz und Ahorn, die Türen wurden mit Pergament aus Ziegenleder bezogen. Der Zuschauerraum bietet 1682 Plätze im Parkett und auf dem Rang. Die Aufführungen werden meist vom Orchester des Gewandhauses musikalisch begleitet.

30 Ägyptisches Museum

Mumien, Sphingen, Skarabäen – überraschende Schätze im Besitz der Universität.

Goethestraße 2
Tel. 03 41/97 37 010
www.uni-leipzig.de/~egypt
Di–Fr 13–17, Sa, So 10–17 Uhr
Tram 4, 7, 8, 10, 11, 12, 15, 16
Augustusplatz

Das Ägyptische Museum kann mit einer hochkarätigen Sammlung über die Hochkultur am Nil aufwarten. Sein Standort ist das elfgeschossige **Kroch-Hochhaus**. Es wurde 1927/28 für das Bankhaus Kroch erbaut. Auf dem *Flachdach* schlagen zwei Figuren die Stunde, indem sie mit Hämmern eine Glocke klopfen. Ihr Vorbild ist die Bronzegruppe der ›Mohren‹ auf dem Uhrtum am Markusplatz von Venedig. Unterhalb steht das Motto ›Omnia vincit labor‹, Arbeit besiegt alles. Die *Fassade* schmückt im oberen Bereich eine große Uhr und eine die Mondphasen anzeigende goldene Kugel.

Der Ausstellungsparcours beginnt in der einstigen Schalterhalle des Bankhauses Kroch. Wandschmuck im Stil des Art déco und Personifikationen der Erdteile bilden den stilvollen Rahmen für die edelsten Stücke der Sammlung. Zu ihnen gehören Reliefs und Statuen aus dem Alten Reich (3. Jt. v. Chr.). Im Zwischengeschoss steht ein Zedernholzsarkophag aus der Spätzeit (746–332 v. Chr.), der aufgrund seiner feinen Schnitzarbeiten zu den bedeutendsten seiner Art gehört. 289 Taler bezahlte der Archäologieprofessor **Gustav Seyffarth** (1792–1885) 1842 für dieses Prunkstück, mit dem er die ägyptologische Sammlung begründete. Weitere Exponate sind ein Diadem aus dem Alten Reich (2572–2216 v. Chr.) und ein Grabensemble aus dem frühen Mittleren Reich (um 1950 v. Chr.). Verwunschen

Einst ein Schaltersaal, jetzt gediegener Ausstellungsraum des Ägyptischen Museums

und geheimnisumwittert wirkt der Nachbau einer Statuenkammer des Alten Reiches (um 2300 v. Chr.), der einen Einblick in die Grabkultur ermöglicht.

31 Promenadenring

Kleine Parks am Rand der Innenstadt zum Promenieren und Ausspannen.

Im 18. Jh. waren die Befestigungsanlagen und die Toranlagen um die Altstadt weitgehend abgerissen worden. Auf den frei gewordenen Flächen entstanden der Augustusplatz, eine Ringstraße und Grünanlagen zum Flanieren und Ausruhen. Die Ost- und Südseite dieser **Promenaden** gestaltete 1857 der Landschaftsarchitekt Peter Josef Lenné, eine Vielzahl von Denkmälern schmückt die Parkareale.

In einem Grünstreifen auf Höhe der Thomaskirche steht das **Alte Bachdenkmal** (1843) von Hermann Knaur und Friedrich M. Hiller. Die vier Seiten seines aus Sandstein gefertigten Aufsatzes tragen jeweils ein Relief. Gut zu erkennen ist die Büste Bachs, auf den übrigen Seiten spielt ein Engel seine Kompositionen an der Orgel, ein anderer unterrichtet Musikschüler und zwei Engel stehen unter einem Kreuz.

Hinter Moritzbastei und Gewandhaus erstreckt sich der **Schillerpark**. Hier stehen neben dem **Schillerdenkmal** (Johannes Hartmann, 1914) auch Denkmale für **Robert Schumann** und **Christian Fürchtegott Gellert** (Adam F. Oeser, 1909). An der Rückseite der Oper sieht man das **Richard-Wagner-Denkmal**. Die auf einem Sockel platzierte Bronzebüste wurde 1983 nach einem Gipsmodell von Max Klinger aus dem Jahr 1900 gegossen.

Von hier ziehen sich die **Schwanenteichanlagen** bis zur kleinen Grünanlage gegenüber dem Hauptbahnhof. Dort erhebt sich seit 1819 das würfelförmige **Denkmal für Bürgermeister Carl Wilhelm Müller**, in dessen Amtszeit (1778–1801) diese Anlagen entstanden.

32 Hauptbahnhof

Fernweh meets Einkaufsrausch – vom Bahnhof zum Mehrzweckbau.

Willy-Brandt-Platz
Geschäfte tgl. 10–22 Uhr
alle Trambahnen (bis auf Nr. 2) Hauptbahnhof

Geradezu ehrfurchtgebietend wirkt die gewaltige Bahnhofshalle des Leipziger Hauptbahnhofs. Sie ist eine wahre Kathedrale für die Eisenbahn, erbaut in einer Zeit, als noch nicht das Auto, sondern der Zug Sinnbild für unbeschränkte Mobilität und eine leuchtende Zukunft war.

Ende des 19. Jh. mussten Eisenbahnreisende in Leipzig je nach Ziel ihrer Fahrt zwischen Berliner, Dresdner, Magdeburger, Thüringer, Eilenburger und Bayerischem Bahnhof wählen. Der Hauptbahnhof war erst 1915 vollendet: eine großzügige Stahlkonstruktion, die mit 26 Innen- und fünf Außenbahnsteigen der **größte Kopfbahnhof Europas** war.

Das zur Stadt gewandte 298 m breite Bahnhofsgebäude aus Sandstein besitzt zwei vortretende **Eingangshallen**. An der westlichen ist außen das preußische, an der östlichen das sächsische Wappen zu sehen. Sie markierten die Hohheitsbereiche von Sächsischer und Preußischer Staatsbahn, die jeweils einen ›eigenen‹ Bahnhofsteil mit ihren Zügen ansteuerten. Zwölf überlebensgroße **Skulpturen** auf dem Gebäudesims verkörpern die beim Bau beteiligten Berufe, von Architekt bis zu Zimmermann. Innen führen aus beiden Hallen breite Treppen auf den erhöhten **Querbahnsteig**, der von einem flachen Stahl-Glas-Tonnendach überwölbt wird und mit 270 m Länge, 30 m Breite und 27 m Höhe einen riesigen Raum bildet.

Am westlichen Ende des Querbahnsteigs stehen zwei monumentale Büsten: Links der abwärts führenden Treppe wird so der Nationalökonom **Friedrich List** (1789–1846) geehrt, nach dessen Plänen 1833–36 mit der Strecke Leipzig–Dresden die erste deutsche Fernbahnverbindung gebaut wurde. Rechts sieht man den Industriellen **Friedrich Harkort** (1793–1880). Er gründete die erste deutsche Eisenbahn-Aktiengesellschaft und brachte den Maschinenbau englischer Prägung nach Deutschland.

Der spektakulärste Blick auf die gewaltige Bahnhofshalle bietet sich abends von der östlich vorbei führenden Brandenburger Straße aus, wenn die beeindruckende Eisenträgerkonstruktion wie ein erleuchteter Pfeilerwald wirkt.

Audio-Feature: Hauptbahnhof
QR-Code scannen [s. S. 5] oder dem Link folgen: www.adac.de/rf0015

Großzügige Weite charakterisiert den 1915 erbauten Leipziger Hauptbahnhof

Der Norden und Nordwesten – zu den Messehallen und hinaus ins Grüne

Weitläufige Parkanlagen und begrünte Wohnviertel finden sich im Norden und Nordwesten Leipzigs. Jenseits des Cityrings etwa geht das noble **Waldstraßenviertel** in das **Rosental** über, wo der Zoo Leipzigs mit naturnah gestalteten Anlagen und Tierarten aus aller Welt lockt. Etwas weiter nördlich liegt **Gohlis** – früher ein Ausflugsziel weit vor den Toren der Stadt, heute beliebtes Wohngebiet mit Rokokoschlösschen, Schillerhaus und einem urigen Gasthof. Ebenfalls viel besucht, vor allem im Sommer, ist westlich davon der **Auensee** nahe dem Flüsschen *Luppe*.

Ursprünglich inmitten der Stadt gelegen, hat sich die **Leipziger Messe** 1996 weit vor die nördlichen Stadtquartiere zurückgezogen. Dort finden in modernen Messehallen nahe der Autobahn jährlich mehr als 30 große internationale und zahlreiche kleinere Ausstellungen sowie bis zu 100 Kongresse statt, von der **Leipziger Buchmesse** bis zur **Automobilausstellung**.

33 Naturkundemuseum

Für den Forscher in uns allen: ausgestopfte Auerhähne, Vulkanmodelle und einzigartige Dermoplastiken.

Lortzingstraße 3
Tel. 03 41/98 22 10
www.leipzig.de/naturkundemuseum
Di–Do 9–16.30, während der Sommerzeit bis 18 Uhr,
Fr 9–13, Sa/So 10–16.30 Uhr
Tram 1, 3, 4, 7, 9, 13, 14, 15 Goerdelerring

Das Naturkundemuseum präsentiert auf vier Stockwerken zunächst die Entstehungsgeschichte der Region und zeigt dann geologische und fossile Funde aus den Braunkohlegruben, ausgestopfte Tiere, Dermoplastiken und präparierte Pflanzen. Die Exponate werden mit dem Charme eines kleinstädtischen Heimatmuseums gezeigt. Für ansehnliche Besucherzahlen sorgen die didaktisch ansprechenden Führungen und die *Pilzberatung* im Herbst. Heimstatt des Museums ist ein 1837 in klassizistischen Formen errichtetes Gebäude, in dem zunächst eine Höhere Bürgerschule residierte.

Bürgerliche Behaglichkeit prägt das gründerzeitliche Waldstraßenviertel

34 Waldstraßenviertel

Paradebeispiel früher bürgerlicher Wohnkultur.

Jahnallee, Waldstraße, Liviastraße, Rosentalgasse
Tram 12 Lortzingstraße

Ein Spaziergang durch das Waldstraßenviertel führt vorbei an herrschaftlichen Kaufmannsvillen. Bis zum Holocaust lebten auch viele Juden in dieser Gegend. An der **Deutschen Zentralbücherei für Blinde** (Gustav-Adolf-Straße 7, www.dzb.de, Tel. 0341/7113131) erinnert eine Gedenktafel daran, dass sich hier bis zum Ende der 1930er-Jahre eine Höhere Töchterschule für jüdische Mädchen befand. Fast alle Schülerinnen jener Jahre kamen in den nationalsozialistischen Konzentrationslagern um. Die Bibliothek ist frei zugänglich, den Boden im Foyer ziert der Judenstern. Auf Anfrage werden Führungen veranstaltet. Bei ihnen geht es sowohl um die Aufgaben der Bibliothek als auch um die Geschichte des Hauses.

In unmittelbarer Nachbarschaft, in der Gustav-Adolf-Straße 12, wohnte *Gustav Mahler* während seiner Leipziger Zeit. Er war 1886–88 musikalischer Leiter der Oper. Weitere eindrucksvolle Wohnhäuser säumen die **Funkenburg-**, die baumbestandene **Tschaikowski-** und die an den Elstermühlgraben grenzende **Liviastraße**. Hier dominieren historisierende Baustile, die besonders die Renaissance zitieren. Emil Franz Hänsel zeichnete für das Haus Nr. 6 von 1906 verantwortlich, über dessen Tür der Spruch *Wo Lieb im Hause wohnt, der Segen Gottes trohnt* prangt. Rund um die **Humboldtstraße** sind klassizistische Häuser zu bewundern. Die **Rosentalgasse** säumen weitere historistisch gestaltete Villen. Besonders bemerkenswert ist die Hausnummer 1/3. Im gleichen Stil ist die ehemalige *Lederfabrik Berlepsch* gehalten, die Mitte des 19. Jh. entstand. Am Ende der Gasse steht einsam auf einer Verkehrsinsel ein *Gitterfragment*, das einst zu einem im 18. Jh. hier angelegten Barockgarten gehörte. Die Gasse endet am Rosental [Nr. 37].

35 Sportforum

Ausgedehnter Sportpark mit einem hochmodernen Fußballstadion.

Am Sportforum 2
Tel. 03 41/234 11 00
www.sportforum-leipzig.com
Tram 3, 4, 7, 8, 13, 15 Waldplatz/Arena

Leipzig hat eine bedeutende Sportgeschichte vorzuweisen. So wurde hier im Jahr 1900 der **Deutsche Fußballbund (DFB)** gegründet. Bald darauf entstanden in dem dreieckigen Areal zwischen Friedrich-Ebert-Straße, Jahnallee und Elsterbecken mehrere Sportanlagen, auf die später auch die **DDR-Sportförderung** zurückgriff, als sie ihr Zentrum in Leipzig platzierte. Die in den 1950er-Jahren großzügig erbaute Sporthochschule, das Fußballstadion, das Leichtathletik- und das Schwimmstadion gehören zu dem weitläufigen Komplex des Sportforums, in dem die Sportkader für internationale Wettkämpfe ausgebildet wurden. Inzwischen unterhält der **Deutsche Olympische Sportbund** hier einen Stützpunkt für Sportarten wie Judo, Leichtathletik, Handball und Fechten.

Die in den 1930er-Jahren angelegte *Festwiese* war ursprünglich Schauplatz von Naziaufmärschen. Inzwischen finden hier Open-Air-Konzerte und Volksfeste statt. Das 1954–56 erbaute *Stadion der Hunderttausend*, in dem tatsächlich 100 000 Zuschauer Platz fanden, wurde im Jahr 2000 abgebrochen. Erhalten blieb allein der rund 25 m hohe Wall, der damals aus Trümmern aufgeschüttet worden war. In seiner Mitte entstand 1997–2003 das nur noch 45 000 Zuschauer fassende Zentralstadion Leipzig. Inzwischen wurde es in **Red Bull Arena** umbenannt. Ihre Ränge sind überdacht, es gibt ausschließlich Sitzplätze und exklusive Logen. Der Namenspate der Arena ist zugleich Hauptsponsor des Leipziger Fußballvereins RB Leipzig, der offiziell RasenBallsportverein Leipzig heißt. Nicht von ungefähr bezeichnet sich der Club nur mit seinem Kürzel RB, ist es doch identisch mit jenem des österreichischen Brauseproduzenten, der den Aufstieg des Clubs in die 4. Liga bezahlte. In absehbarer Zeit will man den Verein in die Bundesliga führen.

Kein UFO ist hier gelandet, vielmehr setzt die Red Bull Arena Akzente

Sinnvoll ergänzt wird der insgesamt über 56 ha große Sportpark durch die **Arena Leipzig**, eine Mehrzweckhalle, die 2002 an der Ecke Jahnallee und Friedrich-Ebert-Straße entstand. Neben Leichtathletikmeisterschaften und anderen Sportevents finden hier auch große Musikveranstaltungen statt.

36 Deutsches Kleingärtnermuseum

Laubenpieper-Museum und Biergarten locken in Deutschlands älteste Kleingartenanlage.

Aachener Straße 7
Tel. 03 41/211 11 94
www.kleingarten-museum.de
Di–Do 10–16 Uhr
Tram 3, 4, 7, 8, 15 Waldplatz

Wer kennt sie nicht, die kleinen laubenbestückten Gärten, die sich an Bahngleisen und Stadträndern aneinander reihen, Gartenzwerg-Ästhetik verbreiten und in denen es im Sommer unverwechselbar nach Grillfeuer und Bier riecht. Knapp 1 Mio. Mitglieder zählt der *Bundesverband Deutscher Gartenfreunde* – in Leipzig hat diese Bewegung ihren Ursprung.

Geschichte 1864 gründeten der Arzt und Pädagoge Daniel Gottlob Moritz Schreber (1808–1861) und der Bürger-

Ein ruhiges Plätzchen auf der grünen Wiese – im Rosental muss man nicht lange suchen

schuldirektor Ernst Innocenz Hauschild (1808–1866) den *Leipziger Erziehungsverein*, der Arbeiterkindern die Möglichkeit zum Spielen im Freien bieten sollte. Dieser Verein legte 1876 an der Aachener Straße die erste Kleingartenanlage Deutschlands an, damals freilich noch als Kinderspiel- und -bewegungsplatz. Ein **Vereinshaus** mit spitzbedachtem Uhrenturm kam 1896 dazu. Seit 1996 beherbergt dieses romantische Fachwerkgebäude eine beliebte Gaststätte mit Biergarten – hier Freisitz genannt – und das Deutsche Kleingartenmuseum.

Besichtigung Die gesamte Gartenanlage steht unter **Denkmalschutz**, ebenso das Fachwerk-Vereinshaus, das sich zusammen mit dem Biergarten direkt beim Eingang befindet. Das kleine **Museum** erinnert an die Ursprünge der Schrebergarten-Bewegung in der Zeit der Industrialisierung. Zu jener Zeit hatten die Gärten auch große Bedeutung für die Versorgung ihrer Pächter mit frischem Gemüse. Außerdem zeigt die Ausstellung Gartengeräte und historisches Bildmaterial. Man erfährt, wie eine typische Gartenlaube aussieht, wie sie ausgestattet ist und was ihre Bewohner – die *Laubenpieper* – kennzeichnet.

Hinter dem Vereinshaus erstreckt sich das romantisch-farbenfrohe Labyrinth der 160 Gärten. Gleich am Anfang, noch auf dem Gelände des Freisitzes, erinnert ein unscheinbarer **Gedenkstein** an die beiden Begründer der Schrebergartenbewegung. Links führt ein Pfad zu dem nach historischen Vorlagen angelegten **Museumsmustergarten** mit einer über 120-jährigen Laube. Rechts sind vier weitere historische Laubentypen zu sehen, alle aus Holz, doch ganz unterschiedlich in Anmutung und Funktion.

Südlich grenzt das 1866 gegründete **Schreberbad** (Schreberstr. 15, Tel. 03 41/23 49 33 80) an die Kleingartenanlage. Es ist das älteste Freibad Leipzigs. Ausladende alte Bäume beschatten die schöne Liegewiese.

37 Rosental

Grüne Oase, nur wenige Schritte vom verkehrsreichen Cityring entfernt.

Tram 12 Lortzingstraße

Am westlichen Rand der Innenstadt beginnt hinter dem Naturkundemuseum [Nr. 33] und nördlich des Waldstraßenviertels [Nr. 34] der 153 ha große **Rosental-Park**. Er präsentiert sich heute im Stil eines englischen Landschaftsgartens. 1318 war das ›Rosenthal‹ als Nutzwald ausgewiesen worden. Im Jahr 1663 ver-

Unter dem Dach der Gondwanaland-Halle steigt man dem Dschungel im Zoo zu Kopf

kaufte Kurfürst Johann Georg II. das Areal der Stadt Leipzig für 17 142 Gulden und 18 Groschen. Allerdings war bis 1707 nur ein Teil der Kaufsumme bezahlt, sodass Kurfürst August der Starke das Gelände für den Bau einer Residenz zurückforderte und dafür weite Flächen roden ließ. Sogar Sichtachsen in die unterschiedlichen Himmelsrichtungen wurden angelegt. Das Schloss wurde jedoch nie gebaut, denn die Stadt wehrte sich erfolgreich gegen die Enteignung und eine ständige fürstliche Präsenz. Die heutige Gestaltung des Parks nahm 1837 der Landschaftsgärtner Rudolf Siebeck vor.

Das Zentrum des Parks bildet die **Große Wiese**, auf der an sonnigen Tagen Studenten lagern, an Wochenenden Familien picknicken und in der Abendsonne Fußball oder Frisbee gespielt wird. Einige solitäre große Bäume akzentuieren diese Fläche. Sie ist umgeben von kleinen Wäldchen, die durch die bereits erwähnten Sichtachsen gegliedert sind. Im Osten eröffnet das **Zooschaufenster** Parkbesuchern über einen Wassergraben hinweg freien Blick auf die *Kiwara-Savanne* des benachbarten Zoos. Hier tummeln sich Zebras, Straußen und Säbelantilopen.

Beim südlichen Übergang zwischen Wiese und Wald befindet sich der 1870 eingerichtete erste öffentliche Kinderspielplatz der Stadt mit einem Denkmal für die Frauenrechtlerin **Louise Otto-Peters** (1819–1895). Ein Stück weiter zwischen den Bäumen ehrt ein 1968 aufgestelltes Denkmal **Karl Friedrich Zöllner** (1800–1860), den Gründer des Deutschen Sängervereins und Komponisten des Liedes ›Das Wandern ist des Müllers Lust‹.

Im Nordwesten wird der Park von der verkehrsreichen Waldstraße durchschnitten und geht jenseits davon in den Auenwald über. Nach einem kurzen Weg entlang der Parthe kommt man hier zum **Rosentalhügel**, der in den 1880er- und 1890er-Jahren aus Hausmüll aufgehäuft worden war. Die Leipziger nennen ihn deshalb den *Scherbelberg*. Auf seinem Gipfel befindet sich ein *Aussichtsturm*, der den Blick über grüne Wipfel auf die Stadtsilhouette ermöglicht. In direkter Nachbarschaft liegt ein hübsch eingewachsener Teich, von dem an lauen Frühsommerabenden ein ohrenbetäubendes Froschkonzert erklingt.

38 Zoo Leipzig

TOP TIPP *Mit dem Slogan ›Der Natur auf der Spur‹ trifft der Zoo den Geschmack seiner Besucher.*

Pfaffendorfer Straße 29
Tel. 03 41/593 35 00
www.zoo-leipzig.de
Mai–Sept. tgl. 9–19, April, Okt. tgl. 9–18, Nov.–März tgl. 9–17 Uhr
Parkhaus gegenüber dem Eingang
Tram 12 Zoo

Der Zoo ist ein Liebling der Leipziger. Die Parthe durchfließt das 27 ha große Areal, auf dem die Lebensräume von Tieren so naturnah wie möglich nachgebildet sind. Gut 900 Arten und Unterarten sind hier zu Hause.

Geschichte Der 1878 von Ernst Pinkert gegründete Privatzoo wurde 1920 in einen *Städtischen Zoo* umgewandelt. Sowohl die *Bärenburg* als auch das *Elefantenhaus*, zwei Klinkergebäude nahe dem Eingang, stammen aus diesen Anfangsjahren. Noch bis 2015 werden die Abteilungen des Leipziger Zoos einem ehrgeizigen Erneuerungsprogramm unterwor-

fen, an dessen Ende der ›Zoo der Zukunft‹ stehen soll, mit artgerechter Tierhaltung auf dem neuesten Stand der Technik.

Besichtigung Noch bevor man den Zoo betritt, fällt die wuchtige, mit rotem Porphyr abgesetzte **Kongresshalle** (Tel. 03 41/14 06 60, www.kongresshalle-leipzig.de) mit ihrem 50 m hohen Turm auf. Das Haus wurde 1898/99 als ›bürgerliches Gesellschaftshaus‹ und damals größter Leipziger Versammlungsraum erbaut. Derzeit wird sie saniert. Ab 2015 soll sie wieder als Kongresszentrum dienen.

Durch das historische Eingangsportal mit dem skulptierten Löwenkopf über dem mittleren Torbogen betritt man sodann den Zoo. Der Rundgang beginnt am **Gründer-Garten**, dessen Bauten um 1900 entstanden. Hier befindet sich das *Entdeckerhaus Arche*, in dem man sich einen Überblick über den Zoo und seine Geschichte verschaffen kann. Zudem wird hier über das Artenschutzprogramm informiert, in dessen Rahmen sich der Zoo um die Nachzucht bedrohter Tierarten wie des Amurleoparden und des Palmkakadus bemüht. Dabei werden die Tiere zwischen europäischen Zoos getauscht.

Äußerlich eher unscheinbar ist das **Aquarium- und Terrariumgebäude**. Besonderes Interesse finden hier die seltenen Baikalrobben sowie das Ringbecken für Haie und andere größere Fischarten. Neben dem Aquarium setzt die Skulptur ›Ringender Athlet‹ von Max Klinger (1901) einen künstlerischen Akzent.

Hält man sich nun rechts, geht es zur **Tierwelt Asiens** mit der weitläufigen Tiger-Taiga, die man von einem Beobachtungsdeck auf dem Großen Hirschhaus überblicken kann. Schneeleoparden und Amurtiger streifen durch dieses Gehege. Nahebei befindet sich der nach dem Vorbild eines indischen Tempels gestaltete Bereich der Elefanten namens *Ganesha Mandir*. Ungewöhnliche Blicke auf die grauen Riesen, etwa bei deren morgendlichen Bad, bietet ein verglaster Gang entlang ihrer Wasserstelle. Die *Lippenbärenschlucht* ist Heimat der ursprünglich aus Indien und Sri Lanka stammenden gleichnamigen Bärenart. Und schließlich kann man die asiatische Vogelwelt in der *Freiflugvoliere* erleben.

Die wohl beliebteste Attraktion des Zoos befindet sich in seinem Westen: das **Pongoland**, der mit 30 000 m^2 Fläche weltweit größte Lebensraum für Menschenaffen in einem Zoo. Es wurde durch Investition des *Max-Planck-Instituts für Evolutionäre Anthropologie* ermöglicht, das vor den Augen der Besucher Verhalten und Wahrnehmungsfähigkeiten der hier lebenden Primaten erforscht. Die großen Freianlagen und die Tropenhalle für Schimpansen, Gorillas, Bonobos und Orang-Utans sind mit Glasscheiben und Trockengräben so gebaut, dass nicht mehr eindeutig zu unterscheiden ist, wer eigentlich wen betrachtet...

Die Weite **Afrikas** macht die *Kiwara-Savanne* im Süden des Zoos erlebbar, ein Freigehege für Zebras, Antilopen, Strauße, Gazellen und Giraffen. In der anschließenden Löwensavanne, die den Namen *Makasi Sambi* trägt, lebt ein Paar der vom Aussterben bedrohten Angolalöwen. Der *Okapi-Wald* bietet wiederum den seltenen und ebenfalls vom Aussterben bedrohten Kurzhalsgiraffen namens Okapi dank seines reichen Baumbestandes eine ihrer natürlichen Lebensweise in den Wäldern Zentralafrikas weitgehend entsprechende Umgebung.

Eine weit gespannte Stahl- und Glaskonstruktion überspannt das **Gondwanaland**. Im künstlich erzeugten subtropischen Klima gedeihen Palmen und Lianen, sogar ein Fluss durchzieht die Halle. Hier leben Totenkopfäffchen und Ozelots sowie Komodowarane. Auf einem Baumwipfelpfad kann man dem Dschungel sogar zu Kopf steigen.

Für junge und jüngste Besucher bieten **Schaufütterungen** sowie pädagogisch reizvoll gestaltete Schaukästen und Experimentierstationen viel Spannendes und Lehrreiches. Auch die Spielplätze, eine kleine Eisenbahn und der **Streichelzoo** sind sehr beliebt.

39 Nordplatz

Grüner Stadtraum, entstanden während der Gründerzeit.

Tram 12 Nordplatz

Großbürgerliche Stadtpalais und die neogotische Michaeliskirche prägen den Nordplatz. Er entstand, als Ende des 19. Jh. mit der **Stadterweiterung** in Richtung Norden begonnen wurde. Das großzügige Areal belegt, mit welch großer Geste noch am Beginn des 20. Jh. der Städtebau betrieben wurde, und wie wichtig den Stadtplaner grüne Insel im Meer der Stadt waren.

Blickfang am Nordplatz ist der elegant himmelwärts strebenden Baukörper der **Michaeliskirche** (Mai–Sept. Mo–Sa 15–18 Uhr, www.michaelis-friedens.de). Die Gemeindekirche für die Bürger des neuen Viertels wurde 1901–05 in historisierenden Formen erbaut. Ihr 70 m hoher Turm wächst erst vier-, dann achteckig

Weitläufig ist das Gehege für die Giraffen im Leipziger Zoo

Charaktervolle Architektur – die Michaeliskirche mit Stilzitaten der Romanik und Gotik

über dem Portal empor und läuft in einer hohen geschweiften Dachkuppel mit auffälligem Turmkreuz aus. Innen öffnet sich ein quadratischer *Zentralraum* mit Emporen an drei Seiten. Überwölbt wird er von einer weiten Kuppel. Der überraschend reichhaltige *Stuckschmuck* des Netzrippengewölbes und an den Säulenkapitellen kontrastiert eigenwillig mit anderen Ausstattungselementen wie Altar, Kanzel oder Chorfenster im Stil der Renaissance, des Neobarock, der Neogotik und des Jugendstils.

Am südwestlichen Rand der Grünfläche um die Kirche steht der **Apelstein Nr. 37**, benannt nach dem Schriftsteller Theodor Apel (1811–1867). Dieser ließ 1863 in und um Leipzig 46 durchnummerierte Gedenksteine aufstellen, die wichtige Schlachtfelder und Frontlinien der Völkerschlacht von 1813 markieren. Sind sie oben rund und mit einem N gekennzeichnet, so stehen sie für napoleonische Stellungen, die der Verbündeten sind oben spitz und mit einem V gekennzeichnet. Der Apelstein am Nordplatz markiert den Einsatzort einer polnischen Einheit unter General Dombrowski, die auf Seiten der Franzosen gegen die Schlesische Armee unter General Blücher antrat.

Bei dem repräsentativen Bau an der Ostseite des Platzes handelt es sich um das **Leibniz-Gymnasium**. Giebelgauben und Glockentürmchen lassen die 1914 eröffnete Bildungsanstalt wie ein sächsisches Adelsschloss aussehen. Dahinter erstreckt sich das 1915 eingeweihte **Stadtbad** (Eutritzscher Str. 11, Tel. 0341/149 78 79, www.herz-leipzig.de, Führungen jeden 1. So im Monat 11 Uhr). Ab 2016 soll man inmitten der prächtigen Jugendstil-Dekorationen und orientalisch anmutenden Architekturelemente wieder baden und saunieren können – bis es soweit ist, müssen Besucher des Architekturjuwels mit einer Führung vorlieb nehmen.

Barocke Baufreude kennzeichnet das Gohliser Schlösschen des Ratsbaumeisters Richter

40 Gohlis

Gohlis lockt mit urigem Ausflugslokal und gründerzeitlichem Flair.

www.leipzig-gohlis.de
Tram 4 Gohlis/Landsberger Straße, 12 Gohlis-Nord

Der größtenteils gründerzeitliche Stadtteil Gohlis bietet mit der *Gosenschenke*, dem *Gohliser Schlösschen* [Nr. 41] und dem *Schillerhaus* [Nr. 42] interessante Besucherziele. Allesamt befinden sie sich an der **Menckestraße**. Sie zeichnet mit ihrer breiten Straßenführung und dem üppigen Grünstreifen in der Mitte den Dorfanger des Weilers Gohlis nach, aus dem der Stadtteil hervorging.

Zum gefragten Wohnort avancierte der Ort im Norden Leipzigs um 1800. Damals boomten Handel und Buchgewerbe, und der Geist der **Romantik** verklärte das Leben auf dem Lande. Wohlhabende Leipziger ließen sich vor der Stadt Villen bauen und unternahmen Kutschausflüge oder lange Spaziergänge ›im Grünen‹. Gohlis war eines ihrer bevorzugten Ziele und bald schon hieß es ›Wem es wohl is', geht nach Gohlis‹, denn dort herrschte an warmen Sommerabenden in zahlreichen Ausflugslokalen fröhliche Geselligkeit.

Ausgeschenkt wird hier seit Mitte des 18. Jh. die **Gose**, ein obergäriges Bier ähnlich der Berliner Weißen. Probieren kann man es zum Beispiel in der 1899 eröffneten **Gosenschenke ›Ohne Bedenken‹** (Menckestraße 5, www.leipzig-gose.de, Tel. 0341/5662360). Ihr dunkel getäfelter Biedermeier-Gastraum ist genauso einladend wie der große, mit alten Laubbäumen bestandene Biergarten hinter dem Haus. Der Beiname *Ohne Bedenken* soll auf den Kellner Karl Schmidt zurückgehen, dessen Standardantwort so lautete, wenn man ihn fragte, ob dieses spritzige Bier denn trinkbar sei.

In direkter Nachbarschaft, in der Gohliser und der Möckernschen Straße, stößt man auf eine Reihe weiterer guter Spezialitätenrestaurants.

41 Gohliser Schlösschen

Herrschaftliche Villa im Stil eines spätbarocken Rokoko-Lustschlösschens.

Menckestraße 23
Tel. 0341/589690
www.gohliser-schloss.de
Führungen So 11 Uhr,
Konzerte So 15 Uhr
Tram 4 Menckestraße, Schillerhaus
Tram 12 Fritz-Seger-Straße

An der Menckestraße ragt ein dekoratives *Gittertor* auf, das von einem überbauten Barockgarten stammt und erst 1938 hier angebracht wurde. Auf dem Grundstück dahinter ließ sich der Handelsherr und Ratsbaumeister *Johann Caspar Richter* 1755/56 einen Wohnsitz errichten, der die Bezeichnung ›Schlösschen‹ durchaus verdient. Das Terrain neigt sich leicht zur Partheniederung hin, sodass die Anlage nach vorne eingeschossig und nach hinten zweigeschossig ist.

Den Mittelteil dominiert ein fünfachsiger **Wohntrakt**, der von einem barocken Turmaufsatz abgeschlossen wird. Die *Innendekoration* nahm Adam F. Oeser in den 1770er-Jahren im Stil des Rokoko vor. Er malte z. B. die Decke des Festsaals mit einer allegorischen Darstellung des Lebenswegs der Psyche aus. Hier veranstaltet der *Freundeskreis Gohliser Schlösschen* an den Wochenenden **Musik- und Kulturveranstaltungen**.

Die eingeschossigen Seitenflügel bestehen aus verglasten **Arkadengängen**. Sie rahmen den kleinen **Garten** ein, in dem jedes Jahr von Juni bis August das Sommertheater des Schauspiels Leipzig stattfindet.

42 Schillerhaus

›Freude schöner Götterfunken‹ – in Gohlis liegt der Ursprung dieser geflügelten Worte Schillers.

Menckestraße 42
Tel. 0341/5662170
www.stadtgeschichtliches-museum-leipzig.de
April–Okt. Di–So 10–17,
Nov.–März Mi–So 11–16 Uhr
Tram 4 Menckestraße, Schillerhaus

Am 17. April 1785 kam Friedrich Schiller auf Einladung des Rechtsgelehrten und Literaturkritikers Christian Gottfried Körner nach Leipzig. Den Sommer verbrachte er in Gohlis, zu jener Zeit noch ein Dorf mit etwa 45 Höfen und 400 Einwohnern. Quartier nahm der Dichter auf dem Dreiseithof des Bauern Schneider. Im Wohnhaus hatte er einige Zimmer für Logiergäste hergerichtet. Hier soll Schiller seine **›Ode an die Freude‹** geschrieben haben, wenngleich dies ebenfalls vom Gartenhäuschen der Familie Körner in Dresden behauptet wird. Dort stellte Schiller im Herbst desselben Jahres sein Werk erstmals öffentlich vor. Jedenfalls machte Beethovens Vertonung die Ode unsterblich. Das ›*Seid umschlungen Millionen*‹ gilt als universeller Friedenshymnus.

Der Hof ist mittlerweile als *Schillerhaus* bekannt und ist neben dem benachbarten *Kastellanhaus* das einzige erhaltene Gebäude aus dieser Zeit in Gohlis. Ihre Räume sind eng und niedrig, das gilt auch für die **Schillerstube**, das Quartier

Bescheiden logierte Friedrich Schiller als Gast seines Verlegers in einem Bauernhaus

des Dichters im ersten Stock des Schillerhauses. Die spärliche Einrichtung sowie die Ausstellungsstücke in den Vitrinen dokumentieren den Lebensstil des 18. Jh.; das einzige Objekt, das tatsächlich mit Schiller zu tun hat, ist eine von ihm getragene Weste. Die Exponate beziehen das Leipziger Umfeld des Literaten und die Gruppe um Körner ein, die ihn förderte. Hinter den beiden Häuschen erstreckt sich ein hübscher *Bauerngarten*.

43 Nördlicher Auenwald

Froschquaken und Fuchsspuren – das Landschaftsschutzgebiet bietet Natur pur mitten in der Stadt.

Tram 10, 11 Wahren,
Bus 80 Auensee

Leipzig liegt zwar an keinem großen Fluss, aber Gewässer gibt es trotzdem reichlich: Weiße Elster, Luppe, Rietzschke und Parthe sind nur einige von ihnen. Zu beiden Seiten der Weißen Elster erstrecken sich sowohl im Norden als auch im Süden der Stadt die breiten Grüngürtel des **Landschaftschutzgebietes Leipziger Auenwald**. Früher überflutete jedes Jahr das Frühjahrshochwasser die Ufer. Es schwemmte Nährstoffe an und sättigte den Boden für die Wachstumsperiode.

Da sich die Stadt aber in den vergangenen Jahrhunderten immer weiter ins Umland fraß und die Flüsse und Bäche kanalisiert wurden, ist es mit diesem natürlichen Kreislauf inzwischen vorbei. Dennoch stößt man bei einem Spaziergang oder einer Radtour noch auf Reste des alten Auenwalds. Im Kern bildet dieses Gebiet nach wie vor ein besonderes Biotop, in dem sich von Bärlauch bis Rotbauchunken ein breites Spektrum typischer Flora und Fauna hält. Die prägenden **Baumarten** des Auenwaldes sind Weiden und Erlen, Eschen, Eichen und Hainbuchen. Rund 100 **Vogelarten** brüten hier, von den unzähligen **Insekten** ganz zu schweigen.

Auch für den Menschen bietet der knapp 2000 ha große Auenwald zahlreiche **Erholungsmöglichkeiten**. Ein gut ausgeschildertes Wegenetz führt zu Wiesen und Lichtungen ebenso wie zu Lokalen, Wildgehegen und kleinen Teichen. Der **Auensee** (Gustav-Esche-Straße, OT Wahren) ist einer davon. Am Ufer des beliebten Ausflugsziels befindet sich die *Gaststätte Waldaue* (Gustav-Esche-Str. 5, Tel. 0341/4651700, www.camping-auensee.de). Auf einem 1,9 km langen Kurs um den See verkehrt die *Parkeisenbahn* (Tel. 0341/4611151, www.parkeisenbahn-auensee-leipzig.de, Mo–Sa 14–18, So 10–13 und 14–18 Uhr), oft gezogen von einer origi-

Links: *Ein Fahrradausflug im Auenwald führt durch würzig duftende Bärlauchfelder*
Rechts: *Was gibt's Neues? Antworten findet der interessierte Besucher jedes Jahr auf der Buchmesse in der Neuen Messe Leipzig*

nalen Miniatur-Dampflok von 1925. In der Nähe stößt der Spaziergänger inmitten des waldigen *Landschaftsschutzgebiets Burgaue* auf einen grünen, 40 m hohen Baukran, der auf einem 120 m langen Schienenstück hin- und herfahren kann und mit seinem Ausleger weit über die Baumwipfel reicht. Es handelt sich um die Forschungsstation des **Projekts Kronendach** (Informationen zu Führungen und Kranfahrten unter Tel. 03 41/973 85 90) der Universität Leipzig und des Forstamtes der Stadt Leipzig. Von der Krangondel aus beobachten Biologen und Botaniker Vögel, Käfer und Spinnen und das Wachstum der Bäume.

44 Leipziger Messe

Nach 500 Jahren setzte die Stadt ihre Messe vor die Tür.

Messeallee 1
Tel. 03 41/67 80
www.leipziger-messe.de
Tram 16 Messegelände,
S-Bahn Neue Messe

Ab 1991 entstand auf dem Gelände eines ehemaligen Flughafens im Norden Leipzigs das neue **Messegelände**. 1996 wurde es eingeweiht. Es liegt verkehrsgünstig in Autobahnnähe mit direktem Anschluss zum Flughafen und zur ICE-Trasse. 70 000 m^2 *Freigelände* und fünf *Hallen* mit insgesamt mehr als 100 000 m^2 Ausstellungsfläche gruppieren sich um die zentrale tunnelförmige **Eingangshalle**. Das 243 m lange, 80 m breite und fast 30 m hohe Stahl-Glas-Gewölbe von großer ästhetischer Leichtigkeit spiegelt sich im dekorativen Wasserbecken vor seinen Pforten. Ein abgesenkter Weg führt mitten durch das Becken und aus der Ferne wirkt es, als liefen die Passanten entlang des ›Mosesweges‹ auf dem Wasser. Das Wahrzeichen der Messe, ein großes Doppel-M, prangt von weitem sichtbar auf dem 85 m hohen Gerüst des Messeturms.

Mittlerweile besuchen ca. 1,5 Millionen Besucher die 36 Messen und Ausstellungen sowie fast 100 Kongresse und Events. Unumstrittener Publikumsliebling unter den Veranstaltungen ist die traditionsreiche Leipziger Buchmesse. Weniger Rechteverwertung und Geschäftsabschlüsse stehen hier im Fokus, umso mehr aber die Begeisterung für Bücher und das Lesen. Auch die Auto Mobil International wird gut besucht.

Handel und Wandel in Leipzig

Bereits im Stadtbrief von 1165 ist der Leipziger ›Jahrmarkt‹ erwähnt. Die wettinischen Landesherren bestärkten in der Folge die *Marktprivilegien* der Stadt. 1492 erteilte ihr sogar der deutsche Kaiser Maximilian I. 1497 das **Messeprivileg** und 1507 das einzige Stapelrecht im Umkreis von 112 km, welches Papst Leo X. 1514 bestätigte. Das Stapelrecht beinhaltete, dass kein Händler auf einer der beiden großen Handelsrouten, der Via regia oder der Via imperii, an Leipzig vorbeiziehen durfte, ohne seine Waren drei Tage lang hier anzubieten. Durch diese Reichsprivilegien wurde der dreimal jährlich – zu Michaelis (29. Sept.), Jubilate (3. Sonntag nach Ostern) und Neujahr – über acht Tage abgehaltene Leipziger Markt zur **Reichsmesse**.

Vom ausgehenden Mittelalter bis Ende des 19. Jh. drehte sich in Leipzig alles um die Märkte. Man bezeichnet sie im Nachhinein als **Warenmessen**, um sie von späteren Schauen zu unterscheiden. In Leipzig ansässige Kaufleute und Händler errichteten in der Stadt Kaufmannshäuser, die *Durchhöfe* [s. S. 24], meist schmal, aber tief und mit mehreren Innenhöfen. Zur Messezeit wurden die Höfe geöffnet, und fahrende Händler konnten ihre Stände auf den Plätzen der Stadt oder in privat vermieteten Höfen aufschlagen.

Mit aufkommender *Industrialisierung* änderte sich die Produktionsweise, und es zeigte sich schnell, dass traditionelle Märkte für die Präsentation moderner Industrieprodukte nicht mehr geeignet waren. Diese Waren entstanden in Serie, dem professionellen Einkäufer genügte folglich ein Muster um zu entscheiden, ob er größere Stückzahlen ordern wollte. Damit waren die **Mustermessen** geboren. 1895 wurde die erste Messe dieses neuen Typs abgehalten. Zur 400-Jahr-Feier des Messeprivilegs wurde 1897 nach Vorbild der in ganz Europa Furore machenden Weltausstellungen

die **Sächsisch-Thüringische Industrie- und Gewerbeausstellung** ausgerichtet, auf einem eigenen Gelände mit einem 40 000 m^2 großen Ausstellungsgebäude, das unmittelbar nach der Schau wieder abgerissen wurde. Das Ausstellungsgelände wurde danach zum König-Albert-Park umgestaltet.

In der Folgezeit begann eine fieberhafte Bautätigkeit, die der Leipziger Innenstadt ein vollständig neues Gesicht gab. Fast alle mittelalterlichen Gebäude fielen dieser Bauwut zum Opfer, denn Stadt, Händler und Fabrikantenvereinigungen bauten **Messehäuser**, manchmal regelrechte Messepaläste. Um 1920 gab es in der Innenstadt 62 dieser Ausstellungsgebäude, in denen der Besucher auf einem Rundgang durch alle Etagen und Abteilungen kam.

Da Maschinen und Fahrzeuge in der Industrie eine immer größere Rolle spielten, ergänzte ab 1918 die **Technische Messe** das bisherige Messegeschehen. Als sich die Innenstadtmesse auch dafür als zu klein erwies, fand sie

Filigrane Funktionalität in eckig und rund – Hallen der Leipziger Messe im Abendlicht

ab 1920 auf einem eigenen Ausstellungsgelände im Südosten der Innenstadt statt, der **Alten Messe**, die bis zu 20 Hallen umfasste. Mit kurzen Unterbrechungen in den Kriegsjahren wurden hier bis 1992 jährlich zwei branchenübergreifende **Universalmessen** durchgeführt. Zu DDR-Zeiten war Leipzig dadurch der wichtigste Handelsplatz des ganzen Ostblocks.

Nach 1990 genügten weder die Messehäuser noch das Gelände der Technischen Messe den Anforderungen eines zeitgemäßen Messeplatzes. Bestrebt in der internationalen Konkurrenz mitzuhalten, baute die Leipziger Messe im Norden der Stadt die **Neue Messe**. Sie wurde 1996 eingeweiht und konnte sich seitdem mit hoch spezialisierten **Fachmessen** und einer steigenden Zahl von **Publikumsmessen** einen Platz unter den Top Ten der deutschen Messeszene erobern.

Vorstadt im Osten – Wurzeln des grafischen Gewerbes

Das **Grassimuseum** zieht zahlreiche Kunstfreunde in das Grafische Viertel in Leipzigs Osten. Drei Sammlungen sind hier unter einem Dach versammelt: Das *Museum für Völkerkunde*, das *Museum für Musikinstrumente* und schließlich das *Museum für Angewandte Kunst*.

Ein Rundgang durch das Viertel führt vorbei an Zeugen der 500-jährigen Geschichte des Leipziger Buchgewerbes. Seine Blüte erlebte der Stadtteil, als zahlreiche Verlage und Druckereien hier den Ton angaben, von der Mitte des 19. Jh. bis zum Beginn des Zweiten Weltkrieges. Die Bombenangriffe richteten hier großflächige Verwüstungen an, doch haben sich einige gründerzeitliche Wohnblöcke bis heute erhalten. Gebäudenamen und Denkmäler erinnern noch an verlegerische Pioniere vergangener Tage wie *Anton Philipp Reclam* oder *Friedrich Brockhaus*. Auch einige Verlage sind in der Gegend wieder heimisch geworden. Andere Bewohner des Viertels waren für das musikalische Image der Stadt ausschlaggebend: Im **Schumann-Haus** und im **Mendelssohn-Haus** wird ihrer gedacht.

45 Reclam-Karree

Ein Name mit großer Vergangenheit.

zwischen Insel- und Kreuzstraße
Tram 1, 3, 8 Hofmeisterstraße
4, 7 Gerichtsweg

Wer kennt sie nicht aus der Schule – die kleinformatigen gelben Heftchen, die Generationen von Schülern preisgünstig Weltliteratur vermittelten. Seit dem Jahr 1867 erscheinen sie als ›**Reclams Universal-Bibliothek**‹, ihr Schöpfer war der Verleger Anton Philipp Reclam (1807–1896). Er hatte 1828 in Leipzig eine Verlagsbuchhandlung gegründet, 1839 kam eine Druckerei dazu – und der Erfolg war nicht mehr aufzuhalten.

Geschichte In der Inselstraße 22–24 entstand 1895–1905 das Verwaltungs- und Druckereigebäude des **Reclam-Verlags**. Bei Bombenangriffen 1943 wurde das Anwesen schwer getroffen, und 1946 erfolgte im Rahmen von Reparationszahlungen die Demontage aller Maschinen

Im schön restaurierten Reclam-Karree ist das Arbeiten wieder eine Lust

durch die sowjetische Besatzungsmacht. Freie Verlagsarbeit war zunehmend unmöglich und daher verlagerte Heinrich Reclam, der damalige Chef des Hauses, den Verlag 1949 unter dem Namen *Philipp Reclam junior* nach Stuttgart. In Leipzig führte ein volkseigener Verlag in Plagwitz den alten Namen fort.

Nach der Wende wurden das Reclam-Karree und der zugehörige **Gebäudekomplex** zwischen Insel- und Kreuzstraße dem Stuttgarter Reclamverlag zurück übereignet. Die Häuser sind inzwischen restauriert und um einige Neubauten ergänzt worden. Neben Büros und Wohnungen befinden sich darin Forschungseinrichtungen des Max-Planck-Instituts für Mathematik in den Naturwissenschaften.

Besichtigung Die fabrikartigen historischen Gebäude bestehen aus auffälligen gelben Klinkern mit roten Zierbändern. Zwei mächtige Sandsteinrisalite gliedern die imposante Hauptfront. Ein in Naturstein gemeißeltes Jugendstilrelief schmückt den **Haupteingang**, Sphinxe rahmen die Initialen des Verlagsnamens ›A. P. R.‹ ein.

Das Umfeld in der Kreuz-, Insel-, Salomon- und Chopinstraße ist bis auf den heutigen Tag ähnlich heterogen wie vor dem Krieg: Druckereigebäude, Fabrikantenvillen, großbürgerliche Wohnhäuser und einfache Arbeiter-Mietshäuser stehen dicht beieinander. So befindet sich etwa in dem prächtigen fünfstöckigen Gebäude Dresdner Straße 11–13 die **Handwerkskammer zu Leipzig**. Es entstand 1906/07 als *Druckerei Brandstetter* und bietet mit seinen großen, doch stark gegliederten Fenstern und den Reliefs, die das Druckgewerbe in interessanten Darstellungen feiern, einen beeindruckenden Anblick. Hier gehen Funktion und Jugendstildekor eine besonders gelungene Beziehung ein.

Im Hof des *Penta Hotels* zwischen Dörrien-, Quer- und Salomonstraße sieht man das **Denkmal für Friedrich Arnold Brockhaus** (1772–1823), den Begründer des Brockhaus-Verlags. Die Bronzebüste war 1872 aus Anlass von Brockhaus' 100. Geburtstag eingeweiht worden, damals im Innenhof des Brockhaus-Verlagsgebäudes, das etwa an dieser Stelle stand, aber im Zweiten Weltkrieg völlig zerstört wurde.

46 Schumann-Haus

›Träumereien‹ und Erinnerungen an zwei große Musiker klingen nach.

Inselstraße 18
Tel. 03 41/ 393 96 20
www.schumannverein.de
Mi–Fr 14–17, Sa/So 10–17 Uhr
Führungen So 15 Uhr
Tram 4, 7, 12 Johannisplatz

Edel und vornehm wirkt das von einem pilastergeschmückten Mittelrisaliten konturierte Haus in der Inselstraße 18. **Robert Schumann** (1810–1856) bezog es im Jahr 1840 mit seiner frisch angetrauten Frau, der 21-jährigen Konzertpianistin **Clara Wieck**. Ihre Wohnräume im ersten Stock dienen nun als Schumann-Museum.

Anhand von Tagebuchaufzeichnungen und Partituren zeichnet es den Lebensweg des begnadeten Künstlerpaares nach. Als 18-jähriger Jurastudent war Schumann nach Leipzig gekommen, doch schon 1830 wandte er sich ganz der Musik zu. Seit 1834 gab er zudem die Neue Zeitschrift für Musik heraus, in der er gegen die ›Philister‹ der aufkommenden Romantik wetterte und sich für die *Tradition der Klassik* stark machte.

Leipzig liest – und nicht nur, wie hier, alljährlich zur Buchmesse

Buchgeschichten

Die Geschichte der **Buchstadt Leipzig** reicht bis zu den Anfängen der Buchdruckerkunst zurück und ist eng mit der Universität und dem Protestantismus verbunden. 1719 gründete Bernhard Christoph Breitkopf in Leipzig den weltweit ersten **Musikverlag**, 1780 gab Johann Gottlieb Immanuel Breitkopf die erste **Fachzeitschrift** für den deutschen Buchhandel heraus. Außerdem erfand er den **Notentypendruck**, sodass sich in der Folge bald die bedeutendsten deutschen Musikverlage in Leipzig versammelten.

Der große Durchbruch kam im 19. Jh. mit der Herstellung von **Druck- und Bindemaschinen** sowie mit dem **Ausbau des Bahnnetzes**, innerhalb dessen Leipzig einer der wichtigsten Knotenpunkte war. Die Verlage siedelten sich im Osten der Stadt an, wo bis 1915 noch sechs einzelne Bahnhöfe Leipzig mit Berlin, Dresden, Eilenburg, Magdeburg, Thüringen und Bayern verbanden. Kommissionäre transportierten die Bücherladungen mit Handkarren zu den Bahnhöfen, anschließend brachten die Züge mehrfach wöchentlich die Buchbestellungen in alle größeren Städte der deutschsprachigen Welt. Das erprobte Zuliefersystem machte es auch für neue Verlage attraktiv, sich in Leipzigs Grafischen Viertel niederzulassen.

Um die Wende zum 20. Jh. waren rund 700 Verlags- und Sortimentsbuchhandlungen im Grafischen Viertel ansässig, hinzu kamen Kommissionäre, Druckereien, Buchbindereien und unzählige kleinere Grafikbetriebe. Das meiste davon ging in einer einzigen Nacht im **Dezember 1943** in Flammen auf, als nicht nur Bahnhof, Museen und Theater sondern auch der Großteil der Buchstadt von Bomben zerstört wurden. Was an Maschinen noch brauchbar war, nahmen russische Truppen 1946 als **Reparationsleistungen** mit. Nach der **Enteignungswelle** 1952 gingen die meisten Verleger in den Westen, die DDR führte die Tradition mit dem Druckerei-Großbetrieb **VEB Interdruck** und einigen verstreuten Verlagen weiter. Allerdings konnte Leipzig nicht mehr mit Frankfurt mithalten.

Daran hat sich auch im 21. Jh. nichts geändert. Doch es geht aufwärts: Um die *Hochschule für Grafik und Buchkunst* hat sich ein Netzwerk aus kleinen Verlagen, Designern und Literaturbüros gebildet. Man kann zwar nicht mit der Finanzkraft und den Umsätzen der großen Publikumsverlage mithalten, an Ideen fehlt es aber nicht.

Auf den Spuren der Schumanns – hier lebten der Komponist Robert und die Pianistin Clara

Diese Polemik war auch eine Art Glaubensbekenntnis des von ihm 1833 gegründeten **Davidsbundes**. In ihm fanden sich mit Schumann befreundete Künstler und Kunstliebhaber zusammen.

Die Schumanns empfingen ihre Gäste wie den Märchendichter Hans Christian Andersen und den Komponisten Hector Berlioz im repräsentativen Konzertsaal. Samstags, jeweils um 17 Uhr, finden hier Kammerkonzerte statt.

In Robert Schumanns Arbeitszimmer entstanden die großen Werke seiner Leipziger Zeit. An Hörstationen kann man hier seinen Kompositionen zuhören: Man spricht von 1841 als seinem *Sinfonienjahr*, 1842 dem Jahr der *Kammermusik* und 1843 dem *Liederjahr*. 1844 zogen die Schumanns nach Dresden.

47 Grassimuseum

Der Museumskomplex vereint gleich drei hochwertige Sammlungen.

Johannisplatz 5–11
www.grassimuseum.de
Tram 4, 7, 12, 15 Johannisplatz

Das Grassimuseum vereint Völkerkundemuseum, Kunstgewerbemuseum und Musikinstrumentensammlung unter einem Dach. Stadtbaurat Hubert Ritter und die Architekten Carl William Zweck und Hans Voigt entwarfen den trapezförmig angelegten Gebäudekomplex mit vier Innenhöfen im Stil der Neuen Sachlichkeit. Der vierflügelige eigentliche Museumsbau wird von zwei davor gestaffelten Seitenflügeln flankiert und wirkt trotz seiner drei Geschosse eher flach. Zwei lang gestreckte Vorbauten rahmen den mit Art déco-Elementen aus rotem Rochlitzer Porphyrtuff betonten Eingangsbereich. Die traditionelle **Grassimesse** (www.grassimesse.de) präsentiert alljährlich im Oktober Kunsthandwerk aus den Bereichen Schmuck, Mode, Keramik, Möbel und Design zum Verkauf.

Museum für Völkerkunde

Tel. 03 41/973 19 00
www.mvl-grassimuseum.de
Di–So 10–18 Uhr

Stiftungen und Privatsammlungen wohlhabender Leipziger Bürger sowie die im Jahr 1878 etablierte Sammlung der ›Deutschen Gesellschaft für Natur- und Völkerkunde Ostasiens‹ begründeten in Leipzig einen der umfangreichsten völkerkundlichen Bestände Deutschlands. Durch Aufkäufe, Nachlässe und Forschungsreisen wuchs die Sammlung weiter. Heute umfasst sie rund 200 000 Objekte aus allen Teilen der Welt.

Das Museum führt Besucher in der auf auf zwei Etagen mit insgesamt rund 4200 m^2 präsentierten Ausstellung durch alle Kontinente. Das Motto lautet ›Rundgänge in einer Welt‹. Die Reise beginnt in

Nüchtern, aber nicht unelegant gibt sich der Eingangsbereich des Grassimuseums

Asien und führt dort etwa nach Indien, wo ein nachgebautes Dorf das Leben im Bundesstaat Gujarat erlebbar macht. Chinesische Schriftzeichen werden erklärt und japanisches Kunsthandwerk gezeigt. Faszinierend ist die Sammlung zum sibirischen Schamanismus mit einem kompletten Schamanenkostüm. Den Orient repräsentiert – unter anderen Schaustücken – eine Teestube. Im zweiten Obergeschoss geht es weiter mit den Kulturen des Nahen Ostens – sowohl die Lebenswelten der Nomaden in den Wüstenregionen als auch von Fischern auf Sokotra vor Jemen sind dort zu studieren. Faszinierend sind die magischen Holzfiguren, Masken und Bronzeköpfe aus Westafrika – das alte Königreich Benin (Nigeria) steuert die kostbarsten Exponate bei. Dann geht es über den Atlantik nach Amerika. Nordamerikas Indianer und die indigenen Kulturen Südamerikas bilden die Schwerpunkte. Für Nordamerika stehen die ›klassischen Indianer‹ der Plains mit einem ihrer begehbaren Tipi, auch moderne indianische Kunst und Literatur der Gegenwart wird vorgestellt. Aus Südamerika stammen Federarbeiten aus dem Amazonasgebiet und Nazca- und Moche-Keramiken aus dem Andenraum. Den Abschluss bilden die Inuit der Arktis, deren rauer Alltag in Schnee und Eis anschaulich dokumentiert wird.

Die Abteilung Ozeanien stellt das Gebiet von Australien bis zu den Osterinseln vor. Die australische *Touchwall* macht es möglich, Alltagsgeräte der Aborigines

Wohnhaus der Tuvalu aus der Südsee

Hier schlägt das Herz der Musikfreunde höher – Instrumente im Grassimuseum

wie Bumerang, Grabstock und Sammelschale im wahrsten Sinne des Wortes zu begreifen. Am Ende des Rundgangs steht ein Wohn- und Schlafhaus der Tuvalu.

Museum für Musikinstrumente

Tel. 03 41/973 07 50
http://mfm.uni-leipzig.de
Di–So 10–18 Uhr

Im 19. Jh. baute der Niederländer Paul de Witt eine umfangreiche Musikinstrumentensammlung auf, die in der Folge um mehrere Privatsammlungen wie die des Barons Alessandro Kraus aus Florenz ergänzt wurde. 1926 kaufte der sächsische Staat mit großzügiger finanzieller Hilfe durch die Edition Peters diese Bestände für die Leipziger Universität. In deren Besitz befinden sich nun gut 5000 Instrumente aus fünf Jahrhunderten. Die ständige Ausstellung ›Die Suche nach dem vollkommenen Klang‹ schildert chronologisch anhand kostbarer Exponate die Leipziger Musikgeschichte. Seltene Stücke sind ein *Spinett* von 1571, eine *Pochette* von 1656, eine *Drehleier* von 1753 und ein *Pyramidenflügel* vom Anfang des 19. Jh. Hinzu kommen viele Hörbeispiele und ein Klanglabor mit Instrumenten zum Anfassen. Das Rahmenprogramm umfasst Filme, Vorträge und Konzerte auf historischen Instrumenten.

Museum für Angewandte Kunst

Tel. 03 41/222 91 00
www.grassimuseum.de
Di–So 10–18 Uhr

Die ständige Ausstellung des Museums für Angewandte Kunst umfasst drei chronologisch geordnete Rundgänge: ›Antike bis Historismus‹, ›Asiatische Kunst. Impulse für Europa‹ sowie ›Jugendstil bis Gegenwart‹. Die Sammlung wuchs besonders im ausgehenden 19. und Anfang des 20. Jh. Damals kamen ausgewählte Industrieprodukte, Jugendstilobjekte und Stücke des Deutschen Werkbundes, die es jeweils zur Leipziger Messe neu aus erster Hand gab, in die Sammlung. Trotz erheblicher Kriegsschäden ist die Sammlung noch heute mit über 90 000 Objekten eine der größten Deutschlands.

Hinter dem Grassimuseum erstreckt sich der **Alte Johannisfriedhof** (März–Okt. tgl. 10–18, Nov.–Febr. tgl. 10–16 Uhr). Auf dem stimmungsvollen Areal finden seit 1883 keine Beerdigungen mehr statt, doch einige alte Grabsteine verleihen der Parkanlage eine besinnliche Atmosphäre. Im

äußersten Winkel an der Prager Straße befindet sich ein *Lapidarium*, in dem weitere Grabsteine stehen. Sie stammen vom ebenfalls aufgelassenen und zum *Friedenspark* [s. S. 93] umgewidmeten Neuen Johannisfriedhof weiter südlich.

Nördlich von Museum und Friedhof steht ein **Gedenkstein für die Königsberger Landwehr**, die nach der Völkerschlacht am 19. Oktober 1813 unter Major Karl Friccius hier das äußere Grimmaische Stadttor erstürmte.

Audio-Feature: Grassimuseum
QR-Code scannen [s. S. 5] oder dem Link folgen: www.adac.de/rf0014

48 Haus des Buches

Auf den Spuren von Buchhändlern, Verlagen und Verbänden.

Gerichtsweg 28
Tel. 03 41/995 41 34
www.haus-des-buches-leipzig.de
Mo–Do 9–18, Fr 9-15 Uhr
Tram 12, 15 Gutenbergplatz

Schon die **Buchstabensäule** vor dem Gebäude verweist auf die Funktion des Hauses des Buches: Hier geht es um das gedruckte Wort. Das Haus des Buches wurde im Jahr 1996 vom Börsenverein des Deutschen Buchhandels eröffnet und beherbergt mehrere Vereine, Archive und ein *Literaturcafé* (Mo–Fr 8–15 Uhr). Es werden regelmäßig Lesungen veranstaltet und Ausstellungen gezeigt.

Bis zum Krieg befanden sich im **Buchhändlerviertel** um den Gutenbergplatz wichtige Institutionen des deutschen Buchhandels: im Buchhändlerhaus der 1824 gegründete Börsenverein des Deutschen Buchhandels, das Buchgewerbehaus, das Bugra-Messehaus für Buchdruck und Grafik, die Gutenbergschule und die Buchhändler-Lehranstalt. Die meisten von ihnen zogen nach dem Krieg nach Frankfurt am Main. Doch das moderne Haus des Buches in Leipzig sieht sich wieder in der alten Tradition.

Ein Refugium für Autoren und Leseratten – ›beredt‹ verweist die Büchersäule vor dem Haus des Buches auf diese Funktion

In kleinen Räumen können große Werke entstehen – das Arbeitszimmer Felix Mendelssohns

49 Mendelssohn-Haus

TOP TIPP *In dem Haus lebte und starb ein Großer der Musik.*

Goldschmidtstraße 12
Tel. 03 41/127 02 94
www.mendelssohn-stiftung.de
tgl. 10–18 Uhr
Tram 2, 9, 16 Rossplatz

1837, im Alter von nur 28 Jahren, wurde **Felix Mendelssohn Bartholdy** (1809–1847) Gewandhauskapellmeister und beeinflusste das Orchester mehr als alle Dirigenten vor ihm. Er brachte den fast vergessenen Johann Sebastian Bach wieder auf den Spielplan und verhalf dem Orchester zu Weltruhm. 1843 gründete Mendelssohn in Leipzig das erste Konservatorium Deutschlands. Es trägt inzwischen seinen Namen.

Von 1845 bis zu seinem frühen Tod 1847 bewohnte der Musiker mit seiner Familie die neun Räume im ersten Obergeschoss der Goldschmidtstraße 12. Das klassizistische, dem Stil der italienischen Renaissance nachempfundene Gebäude war 1844 fertiggestellt worden. Mendelssohns unterhielten ein offenes Haus und begrüßten hier z. B. Robert und Clara Schumann und Richard Wagner als Gäste. Die Wohnung bildet heute ein **Mendelssohn-Museum**. Wohnzimmer, Arbeitszimmer und Damenzimmer sind originalgetreu eingerichtet. Im Musiksalon finden Sonntags um 11 Uhr Konzerte statt. In den übrigen Räumen dokumentieren Briefe und Noten-Handschriften sein Wirken. Auch die Verachtung, mit der die Nazis das Werk des jüdischen Künstlers behandelten, wird thematisiert. Im Gebäude haben überdies die Mendelssohn-Stiftung und das Musikwissenschaftliche Institut der Universität ihren Sitz.

Um Musik geht es auch in der Talstraße 10 kaum 100 Meter weiter. Hier residiert in einem 1873/74 entstandene Neorenaissancebau der Leipziger Ableger der **Edition Peters** (www.edition-peters.de). Dieses auf den Notendruck spezialisierte Verlagshaus war im Jahr 1800 in Leipzig gegründet worden, und vor einigen Jahren konnte es mit seinem Bibliotheksdienst an den alten Stammsitz zurückkehren. Der Architekt des Gebäudes war Otto Brückwald, Baumeister des Bayreuther Festspielhauses. Während die Verlagsräume nicht zugänglich sind, kann man die **Edvard Grieg-Begegnungsstätte** (Tel. 03 41/993 96 61, www.edvard-grieg.de, Di–Fr 14–17, Sa 10–14 Uhr) im gleichen Haus durchaus besuchen. Der norwegische Komponist *Edvard Grieg* (1843–1907) war häufig beim Verleger der Edition Peters zu Gast und wohnte dann in einem Zimmer im Verlagsgebäude. Er hatte 1858–62 am Leipziger Konservatorium Musik studiert und kehrte immer wieder in die Stadt zurück.

Westliche Vororte – zwischen industriellem Erbe und alternativer Kulturszene

Mit viel Weitblick erschloss der Industrielle und Rechtsanwalt *Karl Heine* ab 1850 große Areale im Leipziger Westen zwischen den Dörfern **Plagwitz** und **Lindenau**. Er ließ Bahngleise verlegen und eine Wasserstraße zwischen Saale und Weißer Elster anlegen, den heute so lauschig dahin fließenden **Karl-Heine-Kanal**. In der Folge entstand eines der damals größten und modernsten **Industrieviertel** Deutschlands. Nach dem Zusammenbruch der ostdeutschen Industrie Ende des 20. Jh. wurden hier Nachfolgenutzungen für zahllose attraktive Funktionsbauten gesucht – teilweise mit gutem Erfolg. So haben sich auf dem Areal der vormaligen **Buntgarnwerke** beiderseits der Weißen Elster Geschäfte, Büros und Ämter eingemietet und auch die Wohnungen und Lofts in den sanierten Gebäuden sind wegen der attraktiven Lage am Fluss begehrt. In der **Alten Baumwollspinnerei** bevölkert dagegen eine höchst agile und anregende Kunstszene die gelungene Mischung aus Ateliers, Werkstätten und Galerien. Auch an anderen Kulturinstitutionen fehlt es nicht, man denke nur an das in einer funktionierenden Druckerei eingerichtete **Museum für Druckkunst** oder an das **Theater der Jungen Welt**, das sich auf Stücke für Kinder und Jugendliche spezialisiert hat.

50 Plagwitz

Flächendenkmal der Industriekultur lockt mit attraktiver Architektur ein breites Spektrum von Nutzern an.

Tram 14 Karl-Heine-Straße/Gießerstraße, S 1 Plagwitz

Plagwitz, umgeben von Weißer Elster, Lützner- und Antonienstraße ist das größte **Flächendenkmal der Industriezeit** in Deutschland. Ein Spaziergang führt vorbei an alten Fabrikhallen wie der Baumwollspinnerei [Nr. 54] und den ehemaligen Buntgarnwerken [Nr. 51] – beide sind Beispiele für eine gelungene Weiterentwicklung historischer Bausubstanz. **Führungen** durch das Viertel veranstaltet der Verein Industriekultur (www.industriekultur-leipzig.de)

Zu einem regen Industriestandort und Arbeiterviertel machte es der Leipziger Rechtsanwalt **Karl Heine** (1819–1888). Dieser kaufte 1854 im Umfeld des Dorfes Plagwitz riesige Flächen auf und erschloss sie mit gerade verlaufenden Straßen. Auch der von ihm initiierte Kanal und die von der Güterbahn abgehenden Bahn-Stichstrecken machten das Areal für die expandierende Leipziger Industrie interessant. Nun konnten sich hier Textilfabriken, Gießereien und Maschinenfabriken ansiedeln.

Ein Hauch von Venedig bei der Gondelfahrt über Weiße Elster und Karl-Heine-Kanal

Die zentrale Achse durch das Plagwitzer Gebiet bildet die **Karl-Heine-Straße**. An ihrem östlichen Beginn, der *Klingerbrücke* im Johannapark, steht ein bronzenes Standbild für den Entwickler des Viertels. Im weiteren Verlauf wechseln sich Industriebauten, gründerzeitliche Gebäude, Geschäfte und kulturelle Einrichtungen ab. Soziales Zentrum des Viertels ist im Haus Nr. 50 die **Schaubühne Lindenfels** (www.schaubuehne.com) mit Lokal, Kino und Bühne für Veranstaltungen der jungen Leipziger Szene. Der alte Ballsaal wirkt herrlich dekadent und bietet mit Bühne und Galerie eine unübertreffliche Kulisse.

Im Haus Nr. 105 befindet sich ein **Oldtimermuseum** (Mi–Sa 11–18, So 10–18 Uhr), in dem chromblitzende American Beauties wie ein roter Ford T von 1910 oder eine auf Hochglanz polierte 1959er Corvette begeistern. Das Museumscafé Da Capo (www.michaelis-leipzig.de/dacapo) lädt am Wochenende zum Brunch – unbedingt anmelden!

Südöstlich und westlich wird Plagwitz eingerahmt von den bereits erwähnten, großen Fabrikkomplexen der Buntgarnwerke [Nr. 51] und der Alten Baumwollspinnerei [Nr. 54]. Weitere architektonisch interessante Industriebauten befinden sich in der Naumburger Straße, etwa mit der Hausnummer 28 die **Maschinen-**

Die Weiße Elster fließt an den einstigen Industriegebäuden der Buntgarnwerke vorbei

Vom Ford T bis zum Trabi – das Oldtimermuseum schwelgt in mobilen Erinnerungen

fabrik Unruh und Liebig von 1896, die jetzt ein Gründerzentrum beherbergt, oder in der Nr. 42 die **Leipziger Spitzenfabrik Barth & Co.** Daneben, in der Nr. 44, befindet sich der **Schlot-Hof**, eine einstige Seifenfabrik mit Fabrikantenvilla und Dienstbotengebäude an der Straße, Remise und Handwerksgebäude am Grundstücksrand und zwei zentralen Fabrikhallen im Hof, die eine Beleuchtungsfirma nutzt. Auch die derzeit leer stehende **Maschinenfabrik Swiderski** in der Zschocherschen Str. 76 mit ihrem imposanten Turm ist sehenswert.

51 Ehemalige Buntgarnwerke

Vorzeigeprojekt der Umnutzung von Industriebauten in romantischer Lage am Fluss.

Nonnenstraße 17–21
Tram 1, 2 Holbeinstraße,
Tram 14 Nonnenstraße

Die riesige Fabrikanlage auf beiden Seiten der Weißen Elster wurde 1879 als Sächsische Wollgarnfabrik erbaut und nach dem Krieg erst in VEB Leipziger Wollgarnfabrik, in den 1970er-Jahren dann in VEB Buntgarnwerke Leipzig umbenannt. Ein Übergang in luftiger Höhe über dem Wasser verbindet zwei der frisch-roten Klinkerbauten auf beiden Seiten des Flüsschens. Auf seiner rechten Seite befindet sich an der Holbeinstraße das eigentliche **Fabrikgebäude**, das Mitte der 1990er-Jahre als erstes saniert und zu Lofts ausgebaut wurde.

Aus dem Heiz- und Kesselhaus daneben entstanden **Luxuswohnungen**, die einen freien Blick über den Fluss und auf den gegenüberliegenden Gebäudekomplex an der **Nonnenstraße** am linken Flussufer bieten. Dort setzen sich die vier- bis sechsstöckigen Fabrikbauten über etwa 300 m zweizeilig mit markanten Türmen über den Eingängen fort. Die bauliche Gliederung wird durch den Kontrast der roten Klinker und hellen Putzbänder hervorgehoben. Im nördlichen Teil sind heute Behörden, Läden, Lokale und Büros untergebracht, der südliche ist zu Maisonette-Lofts umgebaut, die über einen offenen Innenhof zugänglich sind. Aus Denkmalschutzgründen haben die Lofts keine Balkone auf den Fluss hinaus.

Die einstigen fabrikeigenen Wohngebäude der Buntgarnwerke auf der westlichen Seite der Nonnenstraße sind ebenfalls in rot-weiß gestreiftem Look gehalten. In die modernisierten Gebäude sind unter dem Label **Elster-Business-Park** Büros, Arztpraxen und ein paar Geschäfte sowie ein Restaurant eingezogen.

Millimeterarbeit alter Schule im Museum für Druckkunst

52 Museum für Druckkunst

Ein Muss für jeden, der sich für Bücher und ihre Entstehung interessiert.

Nonnenstraße 38
Tel. 03 41/23 16 20
www.druckkunst-museum.de
Mo–Fr 10–17, So 11–17 Uhr
Tram 1, 2 Holbeinstraße,
Tram 3 Elster-Passage,
Tram 14 Nonnenstraße

Man hält es kaum für möglich, aber es musste erst Ende der 1990er-Jahre der Münchner Druckereibesitzer und Marketingmann *Eckehart Schumacher-Gebler* kommen, bevor die Buchstadt Leipzig ein Druckereimuseum erhielt. Seit 1997 befindet sich das von ihm ausgestattete **Werkstattmuseum** in einem unscheinbaren vierstöckigen Gebäude. Hier hatte die Leipziger Druckerei *Offizin Haag-Drugulin* ihren Sitz, bei der so renommierte Verleger wie Rowohlt und Fischer ihre Bücher drucken ließen. Erstausgaben von Kafka und Kraus wurden hier gesetzt.

Für den Besuch sollte man ausreichend Zeit einplanen, denn es gibt viel zu sehen. Selbst im digitalen Zeitalter wird noch eine Schriftgießerei und ein funktionierender Druckereibetrieb, in dem noch mit Bleisatz gearbeitet wird, unterhalten. An Werktagen kann man den Typengießern, Schriftsetzern und Druckern bei der Arbeit zusehen. Außerdem stehen alle Beschäftigte stets für Fragen und Gespräche bereit. Der interessierte Besucher lernt, welche Schriften, Typen und Papierarten es gibt, was gelungene Kalligrafie ausmacht und worauf beim Bleisatz und beim Druck zu achten ist. Außerdem werden zwölf historische Maschinen aus aller Welt gezeigt, Stoppzylinder und Kniehebelpressen ebenso wie Perforier-, Präge- und Vergoldemaschinen für die Buchbinderei. Über allem liegt der unverwechselbare Duft von Druckerschwärze.

53 Karl-Heine-Kanal

Aus dem Industriekanal wurde ein beliebtes Ausflugsziel für Radler und Kanufreunde.

Tram 3 Elster-Passage

Als der Unternehmer und Anwalt Karl Heine in den 1850er-Jahren den Leipziger Westen für Industrieansiedlungen erschloss, ließ er nicht nur Straßen und Gleise, sondern auch 14 Brücken bauen. 1856 begann er, Saale und Weiße Elster mit einem **Wasserweg** zu verbinden und so Leipzig auch an das überregionale

Klare Linien am Wasser: das Restaurant Stelzenhaus am ruhigen Karl-Heine-Kanal

Schifffahrtswegenetz anzuschließen. Ganz erreichte er sein Ziel freilich nicht, denn der langfristig geplante Bau wurde 1938 eingestellt, da er nicht ›kriegswichtig‹ war.

Von der Weißen Elster zweigt dieser Karl-Heine-Kanal bei den Buntgarnwerken [Nr. 51] an der Nonnenstraße ab. Hier befindet sich auch das italienische Lokal **Da Vito** (Nonnenstr. 11 b, Tel. 03 41/480 26 26, www.da-vito-leipzig.de). Dessen besonderer Clou: es werden **venezianische Gondeln** vermietet, in denen man sich von nicht ganz so echten venezianischen Gondolieri mit ganz echten sächsischen Kommentaren über Fluss und Kanal rudern lassen kann.

Man muss freilich nicht in eine Gondel steigen, um dem Lauf des Kanals zu folgen. Denn auch ein ziegelroter **Rad- und Spazierweg** begleitet den Kanal. Der Weg beginnt hinter den Buntgarnwerken an einer ungewöhnlichen Brücke. Sie trägt ein Gebäude in Form eines Bootes. Dies ist das **Riverboat** (Tel. 03 41/14 17 80), Lokal, Veranstaltungsbühne und in erster Linie Sendestudio für Talkshows des Mitteldeutschen Rundfunks.

Auf dem weiteren Weg fällt nach Unterquerung der Elisabethbrücke und der König-Johann-Brücke links eine nostalgische *Persil-Werbung* auf, die seit den 1930er-Jahren eine Brandmauer verschönert. Hier führt eine Fußgängerbrücke ans linke Flussufer, an dem auf einem Abrissgelände ein kleiner *Stadtteilpark* entstand, zu dem man über einen Steg gelangen kann. Dahinter steht an der Industriestraße 85–95 die **Konsumzentrale**, Verwaltung und Lager der Genossenschaft, die bis heute die Geschäfte der Konsum-Kette betreibt. Das Gebäude wurde 1929–32 ganz aus roten Klinkern und Glasbausteinen in klaren Bauhausformen erbaut.

Setzt man seinen Weg nun am Nordufer fort, sieht man bald wiederum links das feine **Restaurant Stelzenhaus** (Weißenfelder Straße 65, Tel. 03 41/492 44 45 www.stelzenhaus-restaurant.de). Diesen Namen erhielten die ehem. Fabrikhallen des Wellblechwalzwerks und der Verzinkerei Grohmann & Frosch, weil sie auf hohen Betonpfeilern über das Wasser ragen. Oberhalb der alten Fabrik steht das gelbe Klinker-Verwaltungsgebäude der 1889 gegründeten Firma.

Der Kanal windet sich weiter zwischen teils restaurierten, teils verlassenen Industriegebäuden durch das Viertel, wird von König-Albert- und König-August-Brücke sowie der Bahn überspannt und verläuft schließlich entlang des großen Komplexes der *Alten Baumwollspinnerei* [Nr. 54]. Mit Erreichen der Lützner Straße endet der Kanal, der Radweg führt jedoch weiter bis zum **Lindenauer Hafen**. Er nimmt damit die immer noch nicht umgesetzte Vollendung des Wasserlaufs vorweg. Auch aktuelle Pläne für die Fertigstellung stehen unter keinem guten Stern. Das Hafenbecken war 1933 komplett mit hohen fensterlosen Speicherbauten und Anlegekais in Erwartung des späteren Kanaldurchstichs fertiggestellt worden. Seit dem Abbruch der Bauarbeiten liegt es ungenutzt brach. Vom Lindenauer Hafen geht der Kanal westlich weiter bis Günthersdorf. Um die Saale bei Leuna – und damit das überregionale Wasserstraßennetz – zu erreichen, fehlen dem Kanal ca. 8 km.

Audio-Feature:
Karl-Heine-Kanal
QR-Code scannen [s. S. 5]
oder dem Link folgen:
www.adac.de/rf0016

54 Alte Baumwollspinnerei

TOP TIPP

Das genial umfunktionierte alte Fabrikgemäuer vereint Ateliers und Galerien unter seinem Dach.

Spinnereistraße 7
Tel. 03 41/408 02 22
www.spinnerei.de
Führungen: Fr 12–16 und Sa 11–16 Uhr
archiv massiv: Di–Sa 11–18 Uhr
Tram 14, Tram 8, 15, Bus 60 Lindenau, S1 Plagwitz Bahnhof

Die Alte Baumwollspinnerei ist die erste Adresse in Leipzig für zeitgenössische Kunst. In den nüchternen, aber soliden Hallen befinden sich **Kunsthandwerkstätten, Designstudios** und **Galerien**. Die Fabrikgebäude aus rotem Backstein entstanden ab 1884 auf einem riesigen Gelände. Vor dem Ersten Weltkrieg galt das Werk als die größte Baumwolle verarbeitende Fabrik Europas. 1909 wurde hier an 240 000 Spindeln gearbeitet, damals verfügte das Werk sogar über eigene Pflanzungen in Ostafrika.

Den **Eingangsbereich** zum Gelände an der Spinnereistraße flankieren das Verwalterhaus und die Fabrikantenvilla. Hier sorgen ein modern gestaltetes Geschäft für Künstlerbedarf und das *Café Versorgung* für die wichtigsten Bedürfnisse der Galeristen, Künstler und Besucher. Im ebenfalls hier untergebrachten Happening-Tanz-Club *Bimbo Town* ist je-

Stets gut besucht sind die Kunstausstellungen in der Alten Baumwollspinnerei

Nüchterne Industriearchitektur trifft in der Alten Baumwollspinnerei auf moderne Kunst

den ersten Samstag im Monat ab 22 Uhr Party angesagt, deren Stars die ›Unnatural bodies‹ des Aktionskünstlers Jim Whiting sind: hüpfende Sessel, ein schluckendes Sofa oder schwebende Mäntel.

In der Halle 20 gegenüber befindet sich das **archiv massiv**. Es informiert über die Geschichte der Spinnerei und die Entwicklung der Künstlerkolonie. Im Zentrum des Geländes befindet sich die **Halle 14** (www.halle14.org, Di–So 11–18 Uhr). In ihren Wechselausstellungen und den hier stattfindenden Gesprächsrunden zeigt sich die ganze Kreativität, die in der Baumwollspinnerei versammelt ist.

Wer Kunst nicht nur sehen, sondern auch erwerben will, sollte durch die Kunstgalerien schlendern. Allen voran ist die Galerie **EIGEN+ART** (Halle 5, www.eigen-art.com) zu nennen, die bekannte Künstler wie Neo Rauch und Tim Eitel vertritt. Ihrer Popularität entsprechen natürlich auch die aufgerufenen Preise.

Erfolgreich sowohl in wirtschaftlicher wie künstlerischer Hinsicht sind auch die Galerie André Kermer, die Galerie B/2, die Dogenhaus Galerie, die Galerie Kleindienst, maerzgalerie und die Galerie ASPN. Ihre Öffnungszeiten sind unterschiedlich, aber Donnerstag und Freitag Nachmittag sowie samstags sind die meisten Galerien geöffnet.

In der Baumwollspinnerei wird natürlich nicht nur Kunst ausgestellt und verkauft, sondern auch produziert. Über 50 **Künstler**, **Architekten**, **Designer** und **Kunsthandwerker** nutzen die hohen Räume, unter ihnen sind Neo Rauch, Kaeseberg (Thomas Fröbel), Tim Eitel, Tilo Baumgärtel und Rosa Loy, Namen also, die die **Neue Leipziger Schule** bekannt gemacht haben.

Wer die Atmosphäre der Baumwollspinnerei besonders intensiv erleben will, kann sich in einem der zwei **Meisterzimmer** (Tel. 03641/295688, www.meisterzimmer.de) einquartieren. Die geräumigen Apartments bieten Platz für bis zu sechs Personen, verfügen über eigene Küchen und sind puristisch-retroschick eingerichtet.

Audio-Feature:
Alte Baumwollspinnerei
QR-Code scannen [s.S.5]
oder dem Link folgen:
www.adac.de/rf0021

55 Lindenau

Stadtviertel in Randlage mit Charme und Lebensqualität.

Tram 7, 8, 15 Lindenauer Markt

Der Westteil Leipzigs besteht nicht nur aus Industrie, wie man angesichts der großen Fabrikanlagen annehmen könnte. Mit der Ausdehnung auf das westliche Ufer der Weißen Elster entstanden auch neue Wohnviertel. Der **Lindenauer Markt** bildet das Zentrum dieses lebendigen Stadtviertels. So bietet hier das **Theater der Jungen Welt** (Lindenauer Markt 21, www.theaterderjungenwelt-leipzig.de) Inszenierungen für Kinder und Jugendliche. Im selben Gebäude hat sich das **LOFFT** (www.lofft.de), ein freies Theater, dem Neuartigen und Experimentellen verschrieben.

Ganz in der Nähe, in der Dreilindenstraße 30, steht das 1713 errichtete, mehrfach umgebaute Haus Dreilinden. Hier ist seit dem Jahr 1944 die **Leipziger Oper für Musikalische Komödien** (Tel. 0341/1261115, www.oper-leipzig.de) zuhause. Die ›Muko‹ ist wohl die volkstümlichste Einrichtung der Leipziger Kulturszene, hier haben Operette und Musical ihr Stammpublikum.

›Nur‹ zum Wohnen sind dagegen die **Meyerschen Häuser** (www.meyersche-haeuser.de) zwischen Burgau- und Rossmarktstraße. Doch war dieser Zweck keinesfalls gering zu schätzen, zumal nicht im Jahr 1888, als der Verleger Herrmann Julius Meyer entsprechend seinen humanistischen Idealen den ›Verein zur Erbauung billiger Wohnungen‹ gründete. Ziel war der Bau zweckmäßiger, gesunder Wohnungen, die für kleine Angestellte und Handwerker bezahlbar sein, über Grünflächen verfügen und ein Maximum an Komfort bieten sollten. Die Anlage in Leipzig-Lindenau entstand 1888–98 mit 2695 Wohnungen als erste von vier solchen Projekten und steht heute unter Denkmalschutz. Sie ist in charakteristisch einheitlichen Karrees mit Ecktürmchen um gemeinschaftlich zu nutzende Höfe aufgeführt. Meyer wandelte seinen Verein im Jahr 1900 in eine Stiftung um, die zwei Weltkriege, 40 Jahre DDR und bislang 25 Jahre globalisierten Kapitalismus erfolgreich überdauert hat.

56 Grünau

Stadt am Rand der Stadt – Plattenbauviertel mit eigener Identität.

Tram 8, 15 Grünauer Allee, Plovdiver Straße

Wohnungsnot und gezielte Vernachlässigung von Altbauten machten es in der DDR nötig, in großem Stil neue Wohnungen zu bauen. Ab 1976 entstand im Westen Leipzigs in industrieller Plattenbauweise der Stadtteil Grünau: acht Wohnkomplexe, die noch heute die nüchternen Namen **WK 1** bis **WK 8** tragen. Die normierten Wohnungen enthielten auch gleich normierte Einrichtungen. Für die rund 85 000 Menschen, die hier einziehen durften, war es jedoch ein Traum, aus ihren oft feuchten, kohlebeheizten Altbauquartieren in lichte Wohnungen mit modernem Komfort zu ziehen. Inzwischen sind einige der Plattenbauten abgerissen, die restlichen größtenteils restauriert und schön eingegrünt, sodass die Wohnqualität – trotz hoher Leerstände – von vielen geschätzt wird.

Zu den besonderen Vorteilen des Stadtteils gehört der rund 1,5 km² große **Kulkwitzer See**, kurz Kulki genannt. Er entstand aus einer gefluteten Braunkohlegrube westlich der Blöcke und ist einer der ersten der neuen Leipziger Badeseen, dessen Ufer landschaftsgärtnerisch begrünt wurden. Heute herrscht dort dank Stränden und Liegewiesen, Bootsverleih und Gartenlokalen an warmen Sommertagen ein reges Treiben.

Pack' die Badehose ein – Sommervergnügen am Kulkwitzer See bei Grünau

Südliche Innenstadt – Repräsentation und kulturelles Erbe

Monumental und sehr deutsch stellen sich die großen Bauten und Denkmäler des Kaiserreichs dar – vom ehem. Reichsgerichtsgebäude, dem heutigen **Bundesverwaltungsgericht** in Zentrumsnähe bis zum **Deutschen Platz** vor dem Gelände der *Alten Messe*.

In den Vierteln dazwischen haben sich **Technische Messe**, **Deutsche Nationalbibliothek**, **Russische Gedächtniskirche** und Erweiterungsbauten der **Universität** angesiedelt, darunter die Bibliotheca Albertina und die Hochschule für Grafik und Buchkunst. Repräsentative Bauten aus der Gründerzeit häufen sich im **Musikviertel**. Entlang der Weißen Elster ziehen sich wie ein Band die weitläufigen Grünanlagen von **Johannapark** und **Clara-Zetkin-Park** bis weit in den Süden hin, zum **Wildpark**, wo sich Rot- und Damwild tummeln. Auch der **Botanische Garten** an der Pleiße bietet Erholung im Grünen.

57 Johannapark und Clara-Zetkin-Park

Lustwandeln unter üppigem Grün am Ufer von Elster und Pleiße.

Tram 1, 2 Clara-Zetkin-Park, Bus 89 Mozartstraße

Wie ein grünes Band durchziehen die Parkanlagen entlang der Pleiße Leipzigs Innenstadt. Den Auftakt macht der **Johannapark** an der Karl-Tauchnitz-Straße, etwa auf Höhe der Galerie für Zeitgenössische Kunst [Nr. 60]. Er trägt den Namen der jung verstorbenen Tochter des Bankiers Wilhelm Seyfferth, der den Park zu ihrem Andenken stiftete. Peter Josef Lenné zeichnete für den Entwurf verantwortlich, in dessen Zentrum ein abwechslungsreich geformter See steht. Blickfang des Parks ist der spitze Turm der neogotischen Lutherkirche.

TOP TIPP

Jenseits der Marschner Straße geht der Johannapark über in den **Clara-Zetkin-Park**, benannt nach der Arbeiter- und Frauenrechtlerin Clara Zetkin (1857–1933). Auf der *Parkbühne* (nahe Karl-Tauchnitz-Str. 28, www.parkbuehne-leipzig.de) treten während der Sommermonate Rockbands auf. Außerdem gibt es Spiel- und Sportplätze sowie ein *Schachzentrum* (www.musikviertel.de/data/schach.htm, Mai–Okt. Mo–Fr 14–17 Uhr). Hier findet man bestimmt einen Gegner für eine gepflegte Partie. Auch für das leibliche Wohl wird im Clara-Zetkin-Park gesorgt: Im Musikpavillon (nahe Brahmsplatz, Tel. 0341/2308759, www.musikpavillon-leipzig.de) kann man den kleinen Hunger zwischendurch stillen.

Der Clara-Zetkin-Park ist auch ein guter Ausgangspunkt für Touren ins Neuseenland [s. S. 110] südlich von Leipzig. Wer sein Fahrrad dabeihat – oder sich eines geliehen hat [s. S. 138] – stößt an der Ecke Anton Bruckner/Max Reger-Allee auf den **Elster-Radweg**. Er erreicht nach gut 10 km den Cospudener See und wenig später den Vergnügungspark Belantis [Nr. 76]. Als Alternative zum Fahrrad bietet sich das **Kanu** an. Der *Kanuverleih am Rennbahnsteg* (Am Rennbahnsteg 2B, Tel. 0178/6850101, www.kanuverleih-am-rennbahnsteg.com, April–Okt. Sa/So 10–20 Uhr) hält Boote für 1–3 Mitfahrende und viele Tipps bereit.

Der Radweg führt auch an der 1867 gegründeten **Galopprennbahn Scheibenholz** (Wundtstr. 4, Tel. 0341/9604327, www.galoppimscheibenholz.de) vorbei. Die von zwei Türmen überragte Tribüne wurde 1907 errichtet. Auch ein Restaurant gehört zur Anlage, auf der der *Leipziger Reit- und Rennverein* bis zu sieben Pferderennen im Jahr veranstaltet.

Die ausgedehnten Wald- und Wiesenflächen südlich des Schleußiger Wegs gehören schon zum **Ratsholz** und sind damit Teil der Auenwälder.

City-Hochhaus und Neues Rathaus vom grünen Johannapark aus gesehen

58 Musikviertel

Wissenschaft und Kunst treffen sich in privilegiertem Ambiente.

www.musikviertel.de
Bus 89 Wächterstraße

Klingende Straßennamen wie Haydn-, Mozart- und Telemannstraße kennzeichnen das Musikviertel, das an Johanna- und Clara-Zetkin-Park grenzt. Das überschaubare Häusergeviert wurde um 1880 für wichtige Repräsentationsbauten geplant. Damals entstanden an und um Wächter- und Beethovenstraße mehrere Hochschulbauten, das Reichsgericht [Nr. 59], das 1944 zerstörte Gewandhaus sowie prächtige Villen. Einige von ihnen dienen heute als Gästehäuser der Universität und der Stadt (Wächterstr. 30 und 32). Auch die *Galerie für Zeitgenössische Kunst* [Nr. 60] fand hier ein repräsentatives Domizil. Gleiches gilt für die *Sächsische Akademie der Wissenschaften* (Karl-Tauchnitz-Str. 1) und das *US-amerikanische Generalkonsulat* (Wilhelm-Seyfferth-Str. 4), zu dessen Sicherung die angrenzenden Nebenstraßen für Passanten und Durchgangsverkehr gesperrt sind.

Besonders prominent ist in der Beethovenstr. 6 die **Bibliotheca Albertina** (www.ub.uni-leipzig.de), die Hauptbibliothek der Universität. Arwed Rossbach schuf das lang gezogene dreistöckige Gebäude mit dem leicht vorspringenden Mittelrisalit 1891 im Stil des Historismus. Edel wirkt das marmorne Treppenhaus, der Lesesaal befindet sich im glasgedeckten, östlichen Innenhof.

Drei weitere Hochschulen befinden sich in unmittelbarer Nachbarschaft. In der Wächterstraße 13 etwa ist ein Institut der 1992 gegründeten **Fachhochschule für Technik, Wirtschaft und Kultur** (www.htwk-leipzig.de) untergebracht. Das 1889–96 von Stadtbaudirektor Hugo Licht als *Städtische Gewerbeschule* errichtete Gebäude besitzt ein an sich neoklassizistisches Treppenhaus, das der Leipziger Künstler Michael Fischer im Jahr 2002 mit fröhlicher Deko-Grafik ausmalte.

Die **Hochschule für Grafik und Buchkunst** (Wächterstraße 11, HGB, www.hgb-leipzig.de) nebenan steht in der Tradition des Leipziger Buchschaffens. Ihre Professoren unterrichten in den Studiengängen Buchkunst und Grafik-Design, Fotografie, Medienkunst sowie Malerei. Aus der Malerei-Abteilung ging in den 1970er-Jahren mit Werner Tübke, Bernhard Heisig und Wolfgang Mattheuer die *Leipziger Schule* hervor, die weit über die DDR hinaus bekannt wurde. Auch Neo Rauch und Arno Rink sind Absolventen der HGB. Die Hochschule unterhält in ihren Hallen eine eigene *Galerie* (Mo–Fr 12–18, Sa 10–14 Uhr) mit häufig wechselnden Ausstellungen, meist von Künstlern aus dem eigenen Haus. Ein Besuch lohnt schon deshalb, weil man dann die Innenräume des historistischen Prunkbaus von 1890 zu sehen bekommt.

Wie für die nahe Fachhochschule für Technik zeichnete Stadtbaudirektor Hugo Licht auch für den Bau der **Hochschule für Musik und Theater ›Felix Mendelssohn Bartholdy‹** (Grassistraße 8, www.hmt-leipzig.de) von 1887 verantwortlich. Felix Mendelssohn Bartholdy hatte die erste deutsche *Musikhochschule* 1843 als Königliches Conservatorium der Musik gegründet. Im Jahr 2001 wurde ein moderner Konzertsaal in den Hof eingepasst, in dem von den Studenten Sinfonien, Opern, Musicals und Schauspiele aufgeführt werden.

Hort des Wissens – Blick in den Innenhof der Bibliotheca Albertina

Mächtig ragen die Mauern des Bundesverwaltungsgerichts am Simsonplatz auf

59 Bundesverwaltungsgericht

Stattliches Symbol der Staatsmacht – einst und heute wieder.

Simsonplatz 1
www.bverwg.de
Mo–Fr 8–16 Uhr: Eingangshalle, Umgänge und Großer Sitzungssaal; Führungen nur nach schriftlicher Voranmeldung (Brief oder online): Mo–Fr ab 16, Sa/So ab 9 Uhr: ca. 90-minütige Führung durch die historischen Räume (u.a. mit Speisezimmer und Festsaal der früheren Wohnung des Reichsgerichtspräsidenten) inkl. Geschichts- und Architekturvortrag
Tram 9, 10, 11, Bus 89 Neues Rathaus

Das Bundesverwaltungsgericht ist eines der imposantesten Gebäude Leipzigs. Weithin sichtbar überragt seine 68 m hohe, kupfergedeckte Kuppel die Umgebung. Gekrönt wird sie von einer Frauengestalt, die die Fackel der Wahrheit trägt. Ansprechend ist auch der vom Pleißemühlgraben durchflossene Vorplatz gestaltet, den in den Abendstunden blaue Leuchtsäulen erhellen.

Ludwig Hoffmann und Peter Dybwad planten das 1888–95 errichtete Reichsgericht. Die beiden Architekten schufen ein wahres Prunkstück des Historismus, das sich auch vor dem wenig später vollendeten Reichstag in Berlin nicht verstecken muss. Seit 2002 ist hier das Bundesverwaltungsgericht ansässig. Es wacht über die korrekte Anwendung aller nur erdenklichen Vorschriften – vom Baurecht bis zum Raumordnungsverfahren.

Eine Freitreppe führt hinauf zum mächtigen Säulenportikus. Im dreieckigen Giebelfeld darüber wacht Justitia über eintretende Richter und Klageführende. Dahinter öffnet sich die weite Eingangshalle. Durch vier halbrunde, bunt verglaste Jugendstilfenster fällt das Sonnenlicht ein. Unmittelbar an diese Halle grenzt das **Reichsgerichtsmuseum**, das kundig über die Geschichte des Hauses informiert. Thematisiert wird unter anderem der Prozess gegen den sozialistischen Politiker Karl Liebknecht (1871–1919). Auch an den Reichstagsbrandprozess wird erinnert. In einem äußerst fragwürdigen Verfahren erklärten die Richter den Niederländer Marius van der Lubbe 1933 zum alleinigen Brandstifter und verurteilten ihn zum Tode. Weil das Reichs-

Spitzbögen, Maßwerkfenster und gotische Stilelemente prägen die Peterskirche des 19. Jh.

gericht sich auch sonst als willfähriger Diener des NS-Regimes erwies, wurde es nach 1945 von den Besatzungsmächten aufgelöst, sein letzter Präsident, Erwin Bumke, beging kurz vor dem Einmarsch der russischen Armee Selbstmord.

Im ersten Stock beeindruckt der eichengetäfelte und mit vergoldeten Schmuckelementen ausgestattete **Große Plenarsaal**. An der Wand hinter der schlichten Richterbank sind das Wappen des Deutschen Reiches und Portäts von Kaiser Friedrich III. und Kaiser Wilhelm I. zu sehen.

60 Galerie für Zeitgenössische Kunst

Top Tipp

Mutige Kombination von alt und neu bringt frischen Wind in Leipzigs Gründerzeit.

Karl-Tauchnitz-Straße 11
Tel. 03 41/14 08 10
www.gfzk.de
Di–Fr 14–19, Sa/So 12–18 Uhr
Bus 89 Wächterstraße

In der gründerzeitlichen **Herfurthschen Villa** zeigt die Galerie für Zeitgenössische Kunst hochkarätige Wechselausstellungen zur aktuellen Kunstszene. Gleichzeitig baut die Galerie ihre **Sammlungsbestände** aus. Die Palette ist breit und reicht von Installationen und Aktionskunst bis zu Multimedia-Performances.

Dem Architekten Peter Kulka gelang es 1998, die Innenräume der 1893 erbauten Villa perfekt an die Bedürfnisse moderner Kunst anzupassen. Sie sind allen Schmucks entkleidet, nichts lenkt von den gezeigten Werken ab. Nach hinten ergänzte Kulka einen modernen Anbau.

Neben der Villa steht der einstöckige, funktional-unprätentiöse Glas-Beton-Kubus **GfZK-2**. Er hebt sich ausdrücklich ab vom Monumentalen der umgebenden Gründerzeitbauten. Seine Wände sind außen und innen mit grauer weicher mattenartiger Kunstfaser verkleidet. Die raffinierte Raumgestaltung mit neun verschiebbaren Trennwänden ermöglicht eine flexible Nutzungen der 1000 m^2 Ausstellungsfläche. Auch ein Kinoraum steht zur Verfügung, und die Inneneinrichtung des *Cafés* wird regelmäßig von Künstlern neu gestaltet – da wird eine Tasse Kaffee schnell zum Kunstgenuss.

Sogar schlafen kann man in der Galerie: Wie das Café im GfZK-2 wird auch das Hotel (http://hotelgfzk.de) von Künstlern eingerichtet. So individuell wie hier kann man in keinem anderen Leipziger Hotel übernachten!

61 Peterskirche

Der Kirchturm der ›gotischen Kathedrale‹ St. Peter ist eine elegante Landmarke.

Schletterplatz
Tel. 03 41/213 16 12
www.peterskirche-leipzig.de
Mo, Di, Do, Fr 10–16, Mi 10–18 Uhr
Tram 2, 9, 16, Bus 60 Bayrischer Platz

Die evangelische Peterskirche wird ihres großen Kirchenraums und der guten Akustik wegen oft für **Konzerte** genutzt. Erbaut wurde sie in der Zeit der großen Stadterweiterungen nach 1860. Damals entstanden neue Viertel – und neue Kirchen für all die Neubürger. Die größte und imposanteste von ihnen ist die Peterskirche. Die Architekten August Hartel und Constantin Lipsius gestalteten sie 1882–85 im Stil einer hochgotischen Kathedrale. Das filigran reliefierte *Westwerk* mit dem hohen Spitzbogenportal erinnert an französische Vorbilder. Der *Turm* mit seiner spitz zulaufenden Haube ist immerhin 88 m hoch. Auch das **Kircheninnere** beeindruckt. Enorm weitläufig ist das 17 m breite Langhaus, in dem rund 2500 Menschen Platz finden. Es ist mit zwei schmalen Seitenschiffen ausgeführt, drei Apsiskapellen umgeben den Chorraum. Von strahlender Farbigkeit ist die *Taufkapelle* – so wie sie war einst die ganze Kirche ausgemalt. Bunt sind auch die *Bleiglasfenster* (1884–86), geschaffen von namhaften Glasmalern der Düsseldorfer Akademie. Der figürliche Bildzyklus umfasst alle Kirchenfenster und stellt Szenen des Alten Testamentes auf der Südseite passenden Geschichten aus dem Neuen Testaments auf der Nordseite gegenüber. Das erste Paar bilden ›Das Wort an die Schlange im Paradies‹ und die ›Verkündigung an Maria‹.

›Die Verheißung an Abraham‹ im zweiten Fenster des Langhauses findet ihr Gegenstück in der ›Geburt Christi‹. Das letzte Kirchenfenster vor dem Chor schließlich zeigt alttestamentarisch die ›Grundsteinlegung des neuen Tempels‹ und das neutestamentliche Gegenstück der ›Ausgießung des Heiligen Geistes‹. Ergänzend kommen die Glasfenster der West- und Nordseite hinzu: die Darstellung ›König Davids‹ in der Westrose und die ›Verklärung Christi‹ im Chorhauptfenster gegenüber sowie die ›Propheten‹ des Alten Testaments und ihre Pendants, die ›Apostel und Evangelisten‹.

62 Bayerischer Bahnhof

Die Freistaaten Sachsen und Bayern fühlten sich schon immer verbunden – auch durch den Schienenverkehr.

Bayrischer Platz
Tel. 03 41/124 57 60
www.bayerischer-bahnhof.de
Tram 2, 9, 16, Bus 60 Bayrischer Platz

Wo einst Züge aus dem Königreich Bayern in Leipzig ankamen, kann man heute gemütlich sein Bier trinken. Denn die Gaststätte **Bayerischer Bahnhof** (www.bayerischer-bahnhof.de) hat das einstige Abfertigungsgebäude bezogen. In der kleinen *Hausbrauerei* wird die lokale Bierspezialität Gose gebraut, die zumal im Sommer auch im dazugehörigen *Biergarten* gern genossen wird.

1844 wurde der Bahnhof der ›Sächsisch-Bayerischen Staatseisenbahn‹ am Rande des damaligen Buchhändlerviertels eingeweiht. Ihre Gleise endeten unter den Bögen des repräsentativen, hellgelben **Portikus**. Doch 2001 wurde der Zugverkehr eingestellt, längst sind die Schienen verschwunden. Doch das gilt nur über der Erde: Ab Dezember 2013 wird der Bayerische Bahnhof eine dann unterirdische S-Bahn-Station am neuen Citytunnel sein.

Genuss in vollen Zügen – jedenfalls in der Gaststätte Bayerischer Bahnhof

Fischer-Art – Fassadenbemalung eines Wohnhauses in der Südvorstadt

63 Südvorstadt

Szeneviertel mit Kneipen und renovierten Gründerzeithäusern.

Karl-Liebknecht-Straße
Tram 10, 11 Südplatz

Die Südvorstadt ist eines der beliebtesten Wohnviertel Leipzigs. Gründerzeitbauten prägen das ab 1866 angelegte Viertel, das Straßen im Schachbrett-Muster durchziehen. Hier treffen sich Studenten und junge Leute, **Künstleravantgarde** und **Multikulti-Szene**. Die Kneipendichte ist hoch, alternative Theater und Clubs bringen Kultur und Unterhaltung. Besonders entlang der Karl-Liebknecht-Straße (kurz KarLi genannt) finden sich gute Restaurants und Kult-Clubs wie *naTo*, *Ilses Erika* oder *Werk II*.

Das Symbol für das Viertel ist die **›Löffelfamilie‹** an der Wand des Hauses Karl-Liebknecht-Straße 36. Die *Neon-Werbung des VEB-Feinkost* zeigt seit 1973 eine vierköpfige Familie, die um den Tisch sitzt und am Abend, durch Lichteffekte animiert, genüsslich DDR-Leckereien löffelt. Da ihr Dauerbetrieb Stadt und Trägerverein zu teuer wurde, müssen Interessierte sie per Anruf einer Hotline anschalten – die Kosten für den etwa halbstündigen Betrieb von ca. 3 Euro werden dann über die Mobilfunkrechnung abgebucht. Die zu wählende Nummer und die genauen Kosten sind auf einem Schild neben der Löffelfamilie ausgewiesen.

An der Kreuzung von Richard-Lehmann- und Karl-Liebknecht-Straße befindet sich das Hauptgebäude der **Fachhochschule für Technik, Wirtschaft und Kultur** (www.htwk-leipzig.de). Auch ihre mehr als 5600 Studenten tragen zum Flair der Südvorstadt bei.

Der Name ist gewöhnungsbedürftig, die Stimmung umso besser: der Club naTo

64 Asisi-Panometer

TOP TIPP

Der Rundumblick – Panoramabilder faszinieren in altem Industriebau.

Richard-Lehmann-Straße 114
Tel. 03 41/355 53 40
www.asisi.de
Di–Fr 9–19, Sa/So/Fei 10–20 Uhr
Tram 9 Artur-Hoffmann-/Richard-Lehmann-Straße,
Bus 70 Altenburger Straße

Zwischen der Alten Messe und dem früheren Schlachthofgelände ragen zwei kreisrunde gelbe Ziegelbauten auf, 1895–1900 erbaute Hüllen für längst nicht mehr in solchen Behältern gespeichertes Gas. Der Berliner Künstler und Architekt persischer Abstammung Yadegar Asisi verwirklichte in diesen ausgedienten **Veteranen der Industriezeit** seinen Traum von überdimensionalen Panoramabildern. In dem 36 m hohen und mit 55 m Durchmesser größeren der beiden Gasometer werden nun auf Leinwand detailfreudige Gemälde gezeigt. Derzeit ist der **Mount Everest** das Thema. Asisi zeigt den höchsten Berg der Welt in ungekannter Detailfreude. Von einer 6 m hohen Aussichtsplattform aus lassen sich mithilfe eines Fernglases Schneefelder und Felsvorsprünge betrachten. Auch zwei Expeditionen, die sich dem Gipfel nähern, sind zu erkennen.

Im August 2013 wird der Mount Everest von einem Panorama abgelöst, welches das Leben der Bürger Leipzigs während der **Völkerschlacht von Leipzig** nachzeichnet. Da gibt es Sanitäter, die sich um

Als stünde man am Fuße des Everest: Rundumblick im Asisi Panometer

verwundete Soldaten kümmern, Menschen, die aus den Dörfern in die Stadt geflüchtet sind. Den passenden Anlass für dieses Gemälde bildet der 200. Jahrestag der Schlacht.

Den Gasometern gegenüber, zwischen Richard-Lehmann- und Altenburger Straße, stehen die gelben Klinkerbauten des alten Schlachthofs, die geschickt und stilvoll für die Nutzung des **Senders MDR** umgebaut wurden. Frühere Ställe bilden heute die Kantine, der Viehbörsensaal ist in einen attraktiven Versammlungsraum verwandelt. Kontrapunktartig ergänzt den Komplex seit dem Jahr 2000 ein 13-geschossiges Bürogebäude mit einer Glasfassade in Form eines Fernsehbildschirms. In der **Mediencity** dahinter haben sich kleinere Unternehmen aus IT und Unterhaltung angesiedelt.

65 Botanischer Garten

Was blüht denn da? Einheimisches, Exotisches, Nützliches, Seltenes.

Linnéstraße 1
Tel. 03 41/973 68 50,
www.uni-leipzig.de/bota
Mai–Sept. 9–20, Nov.–Febr. 9–16, März/April, Okt. 9–18 Uhr
Gewächshäuser: Mai–Sept. Di–Fr 13–18, Sa/So/Fei 10–18, Okt.–April Di–Fr 13–16, Sa/So/ Fei 10–16 Uhr
Tram 2, 16 Johannisallee,
Bus 60 Liebigstraße

Der Botanische Garten der Uni Leipzig erstreckt sich seit 1877 zwischen Linnéstraße, Johannisallee und Philipp-Rosenthal-Straße. Die **Gewächshäuser**, insgesamt immerhin 2400 m^2 groß, beherbergen Pflanzen aus allen tropischen Gebieten der Erde und umfassen auch ein Kakteen- und Sukkulenten- sowie ein Schmetterlingshaus. Das 2,7 ha große **Freigelände** ist unterteilt in mehrere thematische und nach Erdteilen unterschiedene Abteilungen. Es ist frei zugänglich, und lohnt zu jeder Jahreszeit den Besuch. Insgesamt sind in dem Bota-

In den Backsteinmauern eines Gasometers werden spektakuläre Panoramabilder gezeigt

nischen Garten rund 9000 Pflanzenarten versammelt. Die botanische Sammlung geht zurück auf den **Apothekergarten** oder ›Hortus medicus‹ des Paulinerklosters am heutigen Augustusplatz [Nr. 25]. Damit ist Leipzigs Botanischer Garten der älteste seiner Art in Deutschland.

Jenseits der Linnéstraße erstreckt sich der 18,4 ha große **Friedenspark**. Sein Haupteingang, das Hospitaltor (Liebigstr. 28), befindet sich am nördlichen Ende des Parks. Die Kreuze an den beiden Torhäuschen sind die einzige Erinnerung daran, dass sich hier 1846–1950 der *Neue Johannisfriedhof* befand. Unmittelbar hinter dem Portal stößt man auf einen *Duft- und Tastgarten*, der Sehbehinderten botanische Eindrücke ermöglicht. Im *Apothekergarten* gedeiht eine Vielzahl heilender Kräuter. Prächtige Bäume werfen ihren Schatten auf die Wege und Wiesen im übrigen Friedensgarten.

66 Russische Gedächtniskirche

TOP TIPP

Heiter und fremdländisch – ein Ruhepol im Verkehrsgetümmel.

Philipp-Rosenthal-Straße 51 a/
Semmelweisstraße
Tel. 03 41/878 14 53
www.russische-kirche-l.de
März–Nov. tgl. 10–13 und 14–17,
Dez.–Febr. tgl. 10–13 und 14–16 Uhr
Tram 2, 16 Deutsche Nationalbibliothek

Über den Baumkronen des Friedensparks leuchtet golden die Zwiebelkuppel der *St. Alexeij Gedächtniskirche zur russischen Ehre* hervor, feierlich und fremd im von DDR-Zweckbauten geprägten Viertel.

Geschichte Um der 22 000 russischen Soldaten zu gedenken, die bei der Völkerschlacht 1813 gefallen waren, wurde am 28. Dezember 1912 der Grundstein zu einer Gedächtniskirche gelegt, die am 17. Oktober 1913 – einen Tag vor Einweihung des Völkerschlachtdenkmals – vom russischen Oberpriester des Heeres und der Marine im Beisein von Kaiser Wilhelm II. geweiht wurde.

Besichtigung Wladimir A. Pokrowski und Georg Weidenbach planten den Bau nach dem Vorbild der Moskauer Christi-Himmelfahrtskirche aus dem 16. Jh. Auffällig ist der 55 m hohe, 16-seitige **Turm**.

In der Russischen Gedächtniskirche lenkt die 18 m hohe Ikonostase den Blick empor

Die Eisenbetonkonstruktion mit geriffelter Dachfläche greift die Grundform russischer Zeltdachkirchen auf. Er ist unterhalb seiner vergoldeten Spitze ebenso weiß verputzt wie der Ziegelbau des Gotteshauses selbst. Dieses besteht aus einer Unter- oder Winterkirche und einer Oberkirche. Dem quadratischen **Hauptbau** mit etwa 12 m Seitenlänge ist eine querrechteckige *Vorhalle* vorgesetzt. In ihrem umlaufenden Laubengang führt zwischen zwei Kriegergedächtnistafeln ein Sandsteinportal in die **Unterkirche**. An der Rückseite befindet sich eine von außen zugängliche **Gruftkapelle** mit Sarkophagen russischer Soldaten.

Neben dem Tor zur Unterkirche führt eine doppelläufige Außentreppe zur **Oberkirche**, die kaum größer ist als die Fläche unter dem Kirchturm, jedoch knapp 40 m hoch aufragt. Der quadratische Raum für die Andacht der Gläubigen und die drei Apsiden des Sanktuariums sind nach orthodoxer Art durch eine Ikonenwand, die 18 m hohe *Ikonostasis*, voneinander abgeschirmt. Die 78 Ikonen auf der großartigen Zedernholzwand schuf Luka M. Emeljanow. Sie sind im byzantinischen Stil gehalten und zeigen Heilige und Propheten. Bemerkenswert sind auch die *Reiterstandarten*, die russische Kosakenverbände in der Völkerschlacht mitgeführt hatten, sowie ein gewaltiger *Bronzeleuchter* mit 68 Schalen.

67 Deutsche Nationalbibliothek

Hort des Wissens – kein deutschsprachiges Buch, das es hier nicht gibt!

Deutscher Platz 1
Tel. 03 41/227 10
www.dnb.de
Mo–Fr 8–22, Sa 9–18 Uhr
Museum: Di–So 10–18, Do 10–20 Uhr
Tram 2, 16 Deutsche Nationalbibliothek

Am Deutschen Platz steht die Deutsche Nationalbibliothek. Sie sammelt seit 1912 jedes in deutscher Sprache erschienene Buch. Der Anblick des monumentalen Hauptgebäudes und seiner Erweiterungsbauten ringsum, allen voran der beiden 1977-82 erbauten *Magazintürme*, macht deutlich, welche enormen Mengen Papier seither bedruckt wurden.

Das Hauptgebäude erbaute Oskar Pusch 1914–16 im Auftrag des Börsenvereins des Deutschen Buchhandels für die Deutsche Bücherei. Die Fassade des 120 m langen, konkav gebogenen Baukörpers ist im Jugendstil gestaltet. Zwei runde Treppentürme begrenzen ihn. Über den drei zentralen Eingangstüren befinden sich Büsten von Bismarck, Gutenberg und Goethe, darüber repräsentieren sechs allegorische Figuren die Wissenschaften.

Schon der Eingangsbereich weist auf die Funktion des Hauses hin: Die Jugendstilmosaike an den Wänden zeigen junge lesende Frauen. Ein Treppenaufgang führt zum Obergeschoss mit dem **Großen Lesesaal**, in dem die 60 000 Bände umfassende Handbibliothek untergebracht ist. Der gewaltige Saal mit einer umlaufenden Galerie öffnet sich über zwei Stockwerke, die Stirnseite schmückt das monumentale Jugendstilgemälde ›Brunnen des Lebens‹ von Ludwig von Hofmann.

Mit dem Hauptgebäude verbunden ist der 2011 eingeweihte Erweiterungsbau. Hier befindet sich das **Deutsche Buch- und Schriftmuseum**. Sein Thema ist kein geringeres als die Geschichte des Schrifttums. Ausgehend von der Erfindung der Keilschrift um 3000 v. Chr. verfolgt es seine Entwicklung bis in die Gegenwart. Mittelalterliche Handschriften erinnern an eine Zeit, als Wissen und Bildung nur Wenigen zugänglich waren. Anhand von Druckmaschinen wird erklärt, wie Johannes Gutenberg die Verbreitung von Informationen revolutionierte. Auch die Digitale Revolution der Gegenwart spielt eine Rolle. Sowohl auf bereitliegenden Tablet-PCs als auch auf dem eigenen Smartphone kann man die unendlichen Weiten der Netzwelt erkunden.

Gegenüber der Deutschen Nationalbibliothek erstreckt sich die 20 000 m² umfassende **Biocity**, ein Gründerzentrum speziell für Biotechnologie-Unternehmen. Dahinter glänzen silbern die flachen achteckigen Kuppeln des **Kohlrabizirkus** (www.kohlrabizirkus-leipzig.de). Die beiden Stahlbetonkuppeln der ehemaligen Großmarkthalle haben einen Durchmesser von je 75 m und galten zu ihrer Entstehungszeit in den 1920er-Jahren als statische Wunder. Der Kohlrabizirkus dient inzwischen als Veranstaltungsort für geschlossene Veranstaltungen, Musicals, Konzerte und Sportevents.

68 Alte Messe

Vielfältig umgenutzte Messebauten unterm Sowjetstern.

Deutscher Platz, Prager Straße
Tram 2, 16 Deutsche Bücherei,
Tram 2, 15 Altes Messegelände

Leipzigs Alte Messe erstreckt sich südwestlich der Prager Straße, im Norden wird ihr Gelände vom Deutschen Platz mit der Nationalbibliothek begrenzt. Auch wenn sie ihre Funktion inzwischen an die neue Messe im Norden der Stadt verloren hat: Am Zugang von der Prager Straße steht noch immer das Logo der Messe, bestehend aus zwei übereinandergestellten zusammen 27 m hohen **M** für ›Mustermesse‹.

Mit dem Bau der Alten Messe ergänzte Leipzig das über Jahrhunderte so erfolgreiche Konzept der Innenstadt-Warenmessen. Anfang des 20. Jh. wurde für die Ausstellung von Maschinen, Fahrzeugen, Baustoffen und Baugeräten immer mehr Platz nötig – und der war in den bestehenden Messepalästen nicht verfügbar.

Vergangenheit und Zukunft des Buchs sind das Thema der Deutschen Nationalbibliothek

So wurde die **Technische Messe** auf ein gut 22 ha großes Areal im Südosten der Stadt ausgelagert. Das Gelände wurde ab 1920 genutzt, 1927 standen bereits 17 Hallen zur Verfügung. Zwei Hallen aus der ersten Bauphase haben den Zweiten Weltkrieg und die Umbauten der DDR-Zeit überlebt und stehen unter Denkmalschutz. Unter der Kuppel der **Halle 16** (www.volkspalast.tv), 1914 von Wilhelm Kreis geplant, treten immer wieder bekannte DJs auf, außerdem werden hier Firmenevents veranstaltet. Die in Klinkerbauweise errichtete **Halle 11** zeichnet sich durch ihr terrassenförmiges Dach aus. Sie hat ein Supermarkt bezogen.

Nach dem Zweiten Weltkrieg wurde der Messebetrieb fortgesetzt. Wie es dem mächtigen Bruderstaat gebührte, ist der **Sowjetische Ausstellungspavillon** die größte in der Nachkriegszeit errichtete Messehalle. Seine 64 m hohe goldglänzende Turmspitze mit dem fünfzackigen roten Sowjetstern obenauf ist das Wahrzeichen der Alten Messe.

Hallenfußball-Fans sollten die **Soccerworld** (Prager Straße 200, www.hallenfussball.de) in Halle 7 ansteuern.

Im Süden Leipzigs – Kriegergedenken und Landschaftsparks

Das martialische **Völkerschlachtdenkmal** beherrscht Leipzigs Süden. Dieses Bauwerk der Superlative, errichtet ganz im auftrumpfenden Stil des wilhelminischen Kaiserreichs, verblüfft wohl jeden seiner Besucher.

Nicht für die Gefallenen der Völkerschlacht, sondern auch für ganz gewöhnliche Verstorbene schufen die Leipziger bemerkenswerke Architektur: das Zentralgebäude des **Südfriedhofs** wirkt wie ein veritables Schloss. Noch weiter im Süden, beiderseits der Pleiße, erstreckt sich der **Agra-Park**. Hier finden am Wochenende große Antiquitätenmärkte und im Juni das Wave-Gotik-Treffen statt. Der Leipziger **Wildpark** mit seinen Hirschen und Wildschweinen ist etwas für naturentwöhnte Städter.

69 Völkerschlachtdenkmal

TOP TIPP

Zum Gedenken an die Gefallenen der Völkerschlacht erbaut, heute zum Frieden mahnend.

Straße des 18. Oktober 100
Tel. 03 41/241 68 70
www.stadtgeschichtliches-museum-leipzig.de
April–Okt. tgl. 10–18, Nov.–März tgl. 10–16 Uhr
Tram 2, 15, Bus 70 Völkerschlachtdenkmal

100 Jahre nach der Völkerschlacht, bei der Napoleon 1813 von den vereinten Heeren Preußens, Österreichs und Russlands geschlagen wurde, war das Denkmal vollendet, das an dieses Ereignis erinnern soll. Der gigantische Koloss aus Stein ist in der Leipziger Tiefebene weithin sichtbar.

Geschichte Nach der Gründung des Deutschen Reichs und angesichts des näher rückenden 100. Jahrestages der Völkerschlacht von Leipzig wurde der Ruf nach einem repräsentativen Denkmal für die Gefallenen des Krieges immer lauter. Schon der Dichter Ernst Moritz Arndt (1769–1860), der 1813 dabei gewesen war, hatte ein Denkmal zu Ehren aller **120 000 Gefallenen** gefordert, »groß und herrlich wie ein Koloss, eine Pyramide, ein Dom zu Köln«. So stiftete die Stadt Leipzig das Grundstück, der Architekt Clemens Thie-

Im Winter verwandelt sich der See am Völkerschlachtdenkmal in eine Eislauffläche

me gründete zur Finanzierung den ›Deutschen Patriotenbund‹, hinzu kamen Spenden und die Erlöse einer Lotterie.

Den Bau realisierte schließlich der in nationalistischen Großprojekten erfahrene *Bruno Schmitz*. Er hatte schon das Kyffhäuser-Denkmal errichtet. Zur Grundsteinlegung am 18. Oktober 1900 waren bereits 65 Pfeiler von je 23 m Höhe ins Erdreich gerammt. Sie bildeten den Kern des Sockels. Auf ihnen ruht der Kuppelbau. 82 000 m^3 Erdreich wurden bewegt, 25 500 Steinblöcke zugehauen. Nach 15 Jahren Bauzeit und nach Aufwendung von 6 Mio. Goldmark wurde das Denkmal am 18. Oktober 1913 in Anwesenheit des Deutschen Kaisers Wilhelm II., des Zaren Nikolaus, des sächsischen Königs Friedrich August III., vieler Fürsten deutscher Staaten wie auch von Vertretern Österreichs und Schwedens eingeweiht. In seiner trutzigen Gestalt repräsentiert es den Nationalstolz der Deutschen im Wilhelminischen Kaiserreich. Verteidigungsbereit und bis an die Zähne bewaffnet, glaubte man sich allen äußeren Angreifern überlegen. Bis 2013 wird das Völkerschlachtdenkmal restauriert, es bleibt aber zugänglich.

Besichtigung Gerahmt von Torbauten und Wällen erstreckt sich vor dem 91 m hohen Denkmal in Blickrichtung zur Stadt ein annähernd rechteckiges Wasserbecken. Dieses ›**Meer der Tränen**‹ steht symbolisch für die Tränen, die um die Gefallenen der Völkerschlacht vergossen wurden. Eine breite Treppe führt von seinem Rand zum Sockelbereich des Denkmals hinauf. Dort sind im östlichen Seitenanbau **Ticketverkauf** und Andenkenladen untergebracht, im westlichen das kleine Museum **Forum 1813**. Es zeigt Dokumente der Völkerschlacht sowie Erinnerungsstücke an einzelne Personen und Heerführer. Kernstück der Ausstellung ist ein plastisches *Schaubild* im Maßstab 1:72, das auf 25 m^2 mit 3000 Zinnfiguren einen Ausschnitt der Schlacht nachstellt.

Am Fuße des eigentlichen Völkerschlachtdenkmals steht unter der Inschrift ›Gott mit uns‹ ein gigantischer **Erzengel Michael**. Den Schutzpatron des

Die Völkerschlacht 1813

Als sich das Jahr 1807 seinem Ende zuneigte, befand sich **Napoleon Bonaparte** auf dem Höhepunkt seiner Macht und beherrschte direkt oder mittelbar fast ganz Europa. Doch es formierte sich zunehmend Widerstand gegen den selbstherrlich agierenden Kaiser der Franzosen, der in den **Befreiungs-** oder **Freiheitskriegen** 1813–15 und letztlich dem Niedergang des napoleonischen hegemonialen Kaiserreichs mündete.

Das wohl wichtigste Kapitel dieser Kriege wurde 1813 vor Leipzig geschrieben. Nach Napoleons fehlgeschlagenem Russlandfeldzug 1812 erklärten Zar Alexander I. und König Friedrich Wilhelm III. von Preußen am 16. März 1813 Frankreich den Krieg. Im Sommer traten auch Österreich und Schweden dem Bündnis bei, England unterstützte es finanziell und durch Kriegsgerät. Den Gesamtbefehl über das vereinigte Heer hatte der österreichische General Karl Philipp Fürst von Schwarzenberg.

Napoleon war mit **Sachsen** verbündet und hatte sein Hauptquartier in Leipzig bezogen. Im Oktober 1813 brachte er seine Truppen südöstlich von Leipzig in einem breiten Halbkreis von Süden bis Osten in Stellung. Mit polnischen Einheiten und Soldaten einiger Rheinbundstaaten verfügte Napoleon insgesamt über 191 000 Mann und 690 Geschütze. Die Verbündeten traten mit einer Truppenstärke von 361 000 Soldaten und 900 Geschützen an.

Vom 14. bis 19. Oktober 1813 fanden mehrere Schlachten statt. Den Auftakt machte ein Reitergefecht bei Liebertwolkwitz, bei dem 15 000 Berittene sieben Stunden gegeneinander kämpften, bei Möckern im Norden traf die Schlesische Armee unter dem preußischen Generalfeldmarschall Gebhard Lebrecht Blücher auf französische Verbände, im Süden bei Markkleeberg bestürmten Aliierte unter dem russischen Oberbefehlshaber Michael Andreas Barclay de Tolly heftig die Kontingente des polnisch-französischen Anführers Fürst Jòzef Anton Poniatowski. In der Nacht des 18. Oktober zog Napoleon einen Großteil der ihm verbliebenen Truppen ab, sodass es die Verbündeten am 19. Oktober nur noch wenig Mühen kostete, die Stadt Leipzig einzunehmen.

Damit war der **Sieg der Verbündeten** besiegelt. Napoleon war nach Frankreich geflüchtet, Poniatowski beim Rückzug in der Elster ertrunken, der sächsische König Friedrich August I. gefangen genommen worden. Die Völkerschlacht gilt als der entscheidende Schlag gegen Napoleons Vorherrschaft in Europa. Der **Preis** dafür war hoch: Allein in der Völkerschlacht waren auf beiden Seiten insgesamt etwa 120 000 Mann gefallen.

Kriegsspiele – Aktive stellen jährlich die Kampfhandlungen der Völkerschlacht nach

Deutschen Reiches und der Soldaten rahmen zwei jeweils 19 m hohe und 30 m breite *Reliefs*, die den Erzengel in einem Streitwagen auf dem Schlachtfeld zeigen. Die allegorischen Frauenfiguren stehen für die Kriegsfurie. Wie alle Bildhauerarbeiten innen und außen sind auch diese von Franz Metzner geschaffen.

Das Denkmal selbst besteht aus rötlichem Granitporphyr, der im nahen Beucha [Nr. 78] abgebaut wurde. Zwölf gewaltige steinerne Wächterfiguren umringen auf halber Höhe die schmal zulaufende Kuppel. Eine Außentreppe führt über den mächtigen Sockel des Denkmals auf die **Eingangsebene**, von der aus man die runde **Ruhmeshalle** betritt. Nach wenigen Schritten kann man in der doppelschaligen Mauer die Treppe wählen, die hinab in die tiefer liegende schmucklose **Krypta** führt. Diese nimmt das gesamte Mittelrund der Halle ein und stellt das symbolische Grab der über 120 000 bei der Völkerschlacht Gefallenen dar. In ihrer Mitte ist eine meist kranzgeschmückte bronzene Grabplatte in den Boden eingelassen, an den Wänden wachen vier Zweiergruppen von solemnen steinernen Kriegern. Das hohe Gewölbe hat etwas Erhabenes, aber auch etwas Morbides, Gespräche der Besucher und Geräusche kommen mit sekundenlang verzögertem **Echo** zurück. Diesen Effekt nutzt auch der auf A-cappella-Gesang spezialisierte **Chor des Völkerschlachtdenkmals** (Tel. 03 41/231 66 65, www.denkmalchor-leipzig.de), der regelmäßig hier auftritt. Mit der Einbeziehung moderner Kompositionen und Inszenierungskonzepten sind ihre Auftritte ein Erlebnis ganz eigener Art.

Bleibt man auf Höhe der Eingangsebene, betritt man geradeaus das **Hauptgeschoss**, das eine Galerie über der darunter liegenden Krypta bildet. Zwischen den Bogenfenstern thronen vier fast 10 m hohe Sitzfiguren, die das Gewölbe der 68 m hohen Halle zu tragen scheinen. Sie sollen die Tugenden des deutschen Volkes symbolisieren: Tapferkeit, Glaubensstärke, Volkskraft und Opferfreude. Die **Kuppel** selber ist innen auf zwölf umlaufenden Bändern mit 324 lebensgroßen Reiterfiguren dekoriert.

Von der Ruhmeshalle führen zwei Treppen mit je 364 Stufen zur **Aussichtsplattform** auf dem Dach der Kuppel, eine für den Auf- und die andere für den Abstieg. Ein Aufzug erspart den Besuchern die Mühe des Treppensteigens zumindest bis zum Umlauf in 50 m Höhe. Die oberste Plattform ist der höchste Punkt in vielen Kilometern Umkreis und erlaubt bei entsprechender Witterung den Blick auf das ferne Erzgebirge, die Chemieschornsteine von Lippendorf und Leuna, die goldschimmernde Pyramide des Freizeitparks Belantis und selbstverständlich auf die City-Silhouette von Leipzig. Das schlossartige Gebäude in unmittelbarer Nachbarschaft ist übrigens das Krematorium des Südfriedhofs.

Stolze Soldaten umringen die Kuppel des Völkerschlachtdenkmals

Reisefilm: Völkerschlachtdenkmal
QR-Code scannen [s.S.5] oder dem Link folgen: www.adac.de/rf0025

70 Südfriedhof

Der große Parkfriedhof entführt in die Welt der Toten und der Steine.

Prager Straße 212
April–Sept. tgl. 7–21,
Okt.–März tgl. 8–18 Uhr
Tram 2, 15, Bus 79
Völkerschlachtdenkmal

Im Schatten des Völkerschlachtdenkmals ruhen Leipzigs Stadtväter, alteingesessene Bürger haben hier Familiengrüfte und zahllose Grabsteine erinnern an Menschen, von denen viele sonst schon längst vergessen wären. Ein Spaziergang über den parkartigen Friedhof hat nichts Morbides, sondern bringt den Besucher den früheren Bewohnern Leipzigs näher, erzählt von ihren Berufen und verdeutlicht die Ästhetik und Pietät verflossener Epochen.

Geschichte Stadtbaumeister Hugo Licht und Stadtgärtner Otto Wittenberg planten gemeinsam den großen Friedhof vor den Toren der Stadt, der 1886 eingeweiht wurde. Nach mehrfachen Erweiterungen ist er heute mit 82 ha einer der größten **Parkfriedhöfe** Deutschlands. Anfang des 20. Jh. wurde er um ein großzügiges neoromanisches **Zentralgebäude** mit drei byzantinisch gestalteten Begräbniskapellen, 63 m hohem Glockenturm und Krematorium ergänzt. Die Zugangsallee diente in den 1950er-Jahren als eine Gedenkstätte für Antifaschisten und später zunehmend auch für DDR-Parteifunktionäre. Doch die meisten Steine wurden niedergelegt und sind überwachsen, eine Neugestaltung ist geplant.

Besichtigung Der Haupteingang zum Südfriedhof liegt zwischen Prager Straße und Connewitzer Straße, direkt neben dem Zugang zum Völkerschlachtdenkmal. Auf dem Friedhof sind insgesamt 30 Abteilungen ausgewiesen, die mehr oder weniger chronologisch angelegt wurden: Die ersten 15 sind gegen den Uhrzeigersinn rund um das Zentralgebäude angeordnet, die neueren befinden sich in den Erweiterungsbereichen südlich davon. Heute sind mehr als 90% der Begräbnisse Urnenbestattungen, die in der Abteilung XXII neben dem Südeingang stattfinden.

Speziell in der II. Abteilung sind einige eindrucksvolle **Jugendstil-Grabskulpturen** zu sehen, u.a. am Grab des Bildhauers Carl Seffner (1861–1932), das dieser selbst gestaltete. Auch der Planer des Friedhofs, Hugo Licht (1841–1923), liegt hier begraben, ebenso nach dreimaliger Umbettung Schriftsteller Christian Fürchtegott Gellert (1715–1769), der vielfältig tätige Verleger und Erstbesteiger des Kilimandscharo Hans Meyer (1858–1929) oder die Mundartdichterin Lene Voigt (1891–1962) – um nur einige zu nennen.

71 Rundling

Kreisrunde Siedlung aus den 1920er-Jahren.

Nibelungenring/Siegfriedplatz
Tram 10, 16 Lössnig

Die Wohnungsnot der Zwischenkriegszeit ließ allenthalben am Stadtrand Siedlungen entstehen – auch einige, die zu Meilensteinen des Städtbaus zählen. Eine davon kann man in Leipzig-Lößnig um den Siegfriedplatz sehen. Dieser liegt in

Prachtvoll in den Tod – wie ein Schlösschen wirkt das Zentralgebäude des Südfriedhofs

Wer wird denn gleich in die Luft gehen? Herbstliche Ballonfahrer über dem Rundling

der Mitte eines in drei konzentrischen Kreisen angeordneten Komplexes aus 24 drei- bis fünfstöckigen Wohngebäuden. Nach Plänen des Stadtbaurats Hubert Ritter (1886–1967) und angelehnt an die schlichten schnörkellosen Formen des **Neuen Bauens** entstanden hier 1929/30 immerhin 609 Wohnungen in ungewöhnlicher Anordnung. Acht Gebäude bilden einen äußeren, vergleichsweise niedrigen Ring, zwölf kleinere einen mittleren und vier den inneren, höchsten Ring. Ritter setzte erstmals Kosten sparende neue Baustoffe und normierte Bauverfahren ein, daneben sind aber auch die gelungene Raumbildung, Lichtwirkungen und Proportionen seiner Bauten bemerkenswert.

Den besten Blick auf den Rundling hat man aus luftiger Höhe. Einen Logenplatz nehmen in dieser Hinsicht die Ballonfahrer ein, die alljährlich im Juli vom östlich angrenzenden Lößniger Park mit mehr als 100 Heißluftballons bei der beliebten **Balloon Fiesta Leipzig** (www.balloonfiesta.de) in den Himmel aufsteigen.

72 Wildpark

Vorsicht Elch! – Der Südliche Auenwald birgt Überraschungen.

Südlicher Auenwald,
Koburger Straße 12
Tel. 03 41/30 94 10
Mai–15. Sept. tgl. 9–20, 16. Sept.–14. Okt. tgl. 9–19, 15. Okt.–15. März tgl. 9–18, 16. März–April tgl. 9–19 Uhr
Tram 9 Wildpark

Im Süden Leipzigs gehen die städtischen Parkanlagen in den lichten Auenwald zwischen Floßgraben und Pleiße über. Seit rund 100 Jahren ist hier, schon an der Grenze zur Nachbargemeinde Markkleeberg, ein 42 ha großes Gelände mit Gehegen so abgesteckt, dass Wild darin zwar quasi frei leben, aber auch von Spaziergängern beobachtet werden kann. Neben dem einheimischen Schwarz- und Rehwild ist auch Dam- und Muffelwild zu sehen, daneben sind ein Elch- und ein Wisentgehege sowie einige Volieren und Zwinger für kleine einheimische Raubtiere wie Wildkatzen oder Luchse angelegt.

Die hübsche **Wildparkgaststätte** (Tel. 03 41/306 99 51, www.teehaus-wildpark.de) befindet sich in einem echten russischen Blockhaus in der Nähe des nördlichen Eingangs. Eine Imbissbude und ein Teehaus, ein Märchenspielplatz und eine *Pony-Reitbahn* (tgl. 9–12 und 13–18 Uhr) vervollständigen das Freizeitangebot.

73 Agra-Park

Landschaftspark und Veranstaltungsort in Leipzigs Süden.

Bornaische Straße
Tel. 03 41/353 30
www.agra-park.info
Tram 11 Dölitz, Straßenbahnhof,
Tram 9 Parkstraße

Der Agra-Park gehört zu jenen ausgedehnten Grünanlagen, die sich von Leipzigs Innenstadt entlang der Pleiße gen Süden erstrecken. Wer den weitläufigen Park erkunden will, sollte sich ein Fahrrad ausleihen – etwas Ausdauer vorausgesetzt, kann man so auch noch einen Ausflug zum nur noch drei Kilometer entfernten Markkleeberger See [Nr. 74] unternehmen.

Von Leipzig aus kommend, betritt man den Park durch das frühbarocke **Dölitzer Torhaus** (Helenenstr. 24, www.zinnfigurenfreunde-leipzig.de, Mi, Fr/Sa 10–16 Uhr). Wo heute die Mühlpleiße dahinplät-

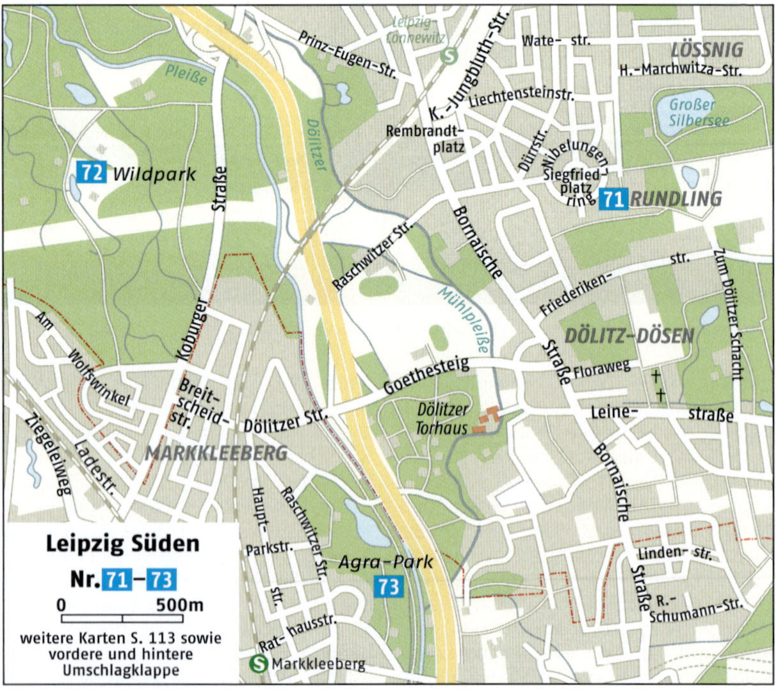

Grufties, Goths und andere geheimnisvolle Gestalten

Leipzig ist bekannt für sein Bach-Festival und die Mendelssohn-Wochen, aber auch ein ganz anderes Festival lockt jedes Jahr zu Pfingsten rund 20 000 Besucher aus dem In- und Ausland an die Pleiße: Seit 1991 trifft sich die schwarze Szene beim **Wave-Gotik-Treffen** (s. o.) in Leipzig. Seine Gäste fügen dem Stadtbild einen schrägen, meist dunklen Farbtupfer hinzu, bringen etwas vom Hauch der weiten Welt mit, des ›Leben-und-leben-lassens‹ und des ›Erlaubt-ist-was-gefällt‹.

Beim Wave-Gotik-Treffen stehen etwa **170 Konzerte**, Theater- und Filmaufführungen auf dem Programm, dazu Lesungen, Ausstellungen, Mittelalter-Spektakel und Märkte. Dafür lassen nicht nur junge Leute für drei Tage ihr bürgerliches Outfit zu Hause, werfen sich in lange schwarze Mäntel, schminken sich in oft mehrstündiger Kleinarbeit und legen Stachelhalsbänder oder Ketten an. Innerhalb der Gruppenästhetik gibt es ein breites Spektrum, vom männlichen Schotten- bis zum weiblichen Minirock, vom Rüschenhemd bis zum Lederdress, vom Irokesenhaarschnitt bis zur wallenden Mähne.

Die Bewegung findet ihre Gemeinsamkeiten in Musikrichtungen wie Dark Wave und Independent Music

Sehen und gesehen werden beim Wave-Gotik-Treffen in Leipzig

und einer oft stark selbstreflektierenden Philosophie, im romantischen Bezug auf Vergänglichkeit und Tod, in Idealen, die im Mittelalter und Barock verwurzelt sind. Entsprechend ist das Wave-Gotik-Treffen ein **friedliches Festival**, auf dem es darum geht, seinesgleichen zu treffen, gesehen zu werden und trotzdem in der Masse einmal nicht als Exot aufzufallen.

schert, befand sich bis zu seiner Zerstörung im Zweiten Weltkrieg das Wasserschloss Dölitz. Im Inneren des für dieses Schloss 1670 erbauten Torhauses stellen mit Zinnfiguren gestaltete Dioramen die Leipziger Völkerschlacht nach. Über 20 000 dieser bunten Männchen wurden dafür gefertigt.

Vom Torhaus führen Spazierwege weiter zum italienischen Restaurant **Il Palazzo** (Im Dölitzer Holz 20, Tel. 03 41/870 61 91). Es befindet sich in einem schlossartigen Rondell aus den 1950er-Jahren – auch im Bauern- und Arbeiterstaat DDR wusste man aristokratisch zu bauen.

Weiter südlich befindet sich das Agra-Gelände, dem der ganze Park seinen Namen verdankt. In den dortigen Hallen fand von den 1950er-Jahren bis zum Umzug in die Neue Messe 2005 die Leipziger **Landwirtschaftsschau AGRA** statt. Mittlerweile ist das Agra-Gelände Schauplatz des jährlich zu Pfingsten stattfindenden **Wave-Gotik-Treffens** [s. o.].

Den südöstlichen Eingang zum Park markiert das **Torhaus Markkleeberg** (Kirchstr. 40, www.torhaus-markkleeberg.de, Tel. 03 41/338 57 76, Mo, Mi 10–15, Fr 10–14, So 14–17 Uhr). Die Ausstellung im Inneren hat die Ereignisse während der Leipziger Völkerschlacht zum Thema. Im Gutshaus nebenan gibt es ein Diorama der Völkerschlacht zu sehen.

Die Wiesen um das Torhaus und der Mönchereiplatz dahinter verwandeln sich alljährlich an dem Wochenende, das dem 18. Oktober am nächsten liegt, in ein Heerlager. Denn dann stellen Laienschauspieler in authentischen Kostümen und Ausstattungen das Kampfgetümmel der **Völkerschlacht** nach. Das Treffen organisiert der Markkleeberger *Verband Jahrfeier Völkerschlacht bei Leipzig 1813* (www.leipzig1813.com). Besucher sind willkommen.

Ausflüge ins Umland – Neuseenland und Muldetal

Sogar auf Satellitenfotos sind die riesigen Seen nördlich und südlich von Leipzig zu erkennen. Dieses **Neuseenland** ist ausnahmslos ein Werk des Menschen. Denn wo heute Segelboote dahingleiten, wurde bis in die 1990er-Jahre Braunkohle abgebaut. Seither investierten die Bundesrepublik und der Freistaat Sachsen Milliardenbeträge in die Sanierung der malträtierten Natur. So entstand eine **Freizeit- und Erholungslandschaft** von stattlichen Ausmaßen. Am **Cospudener See** erfreut sich der **Vergnügungspark Belantis** großer Beliebtheit. Der Wildwasserkanal am **Markkleeberger See** fordert auch erfahrene Kanuten, und im **Störmthaler See** schwimmt eine richtige Kirche.

Im Osten und Südosten Leipzigs erstreckt sich entlang der Mulde, eines Nebenflusses der Elbe, ein reizvolles Hügelland. Der Kirchsteinbruch in **Beucha** und das Schloss **Machern** sind nur wenige Kilometer von Leipzig entfernt. Muldeaufwärts liegt **Grimma** mit seinen Häusern aus Renaissance und Barock. Der Ausflug führt weiter ins Tal der *Zwickauer Mulde*. Hier stößt man auf **Schloss Colditz**. Da die Veste während des Zweiten Weltkriegs ein Gefangenenlager für britische Offiziere war, begegnet man hier of Reisenden aus England.

74 Markkleeberger See

Wildwasser und Sandstrand am Stadtrand von Leipzig.

Seepromenade Markkleeberg
Tram 11 Markkleeberg Schillerplatz,

Nur eine halbe Stunde dauert die Fahrt mit der Tram Nr. 11 vom Leipziger Hauptbahnhof zum Markkleeberger See. Eine Seepromenade führt an seinem sandigen Nordufer entlang. Das Lokal Weinbeißerei (s.u.) lädt hier ebenso zum Verweilen wie das Strandcafé (s.u.). Besonders letzteres besticht durch seine moderne Architektur und die Terrasse direkt am Wasser.

Am südlichen Ende des Markkleeberger Sees schießen wilde Wasser im **Kanupark Markkleeberg** (s.u.) durch einen Betonkanal. Etwas Abenteuerlust vorausgesetzt, kann man den Kanal im Schlauchboot, auf einem Wasserreifen oder mit dem Kanu bewältigen. Schaulustige finden im modern gestylten Café

Teamwork mal anders: nur gemeinsam lässt sich das Boot im Wildwasserkanal navigieren

WildwasserTerrassen (Tel. 03 42 97/14 33 80, www.wildwasser-terrasse.de) nebenan sicher einen guten Platz.

Ein Kanal gut 400 Meter weiter südlich verbindet den Markkleeberger See mit dem **Störmthaler See** [Nr. 77]. Ab Mitte 2014 darf man den Kanal auf eigene Faust durchfahren, bis dahin kann man sich geführten Kanutouren anschließen.

Praktische Hinweise

Information

Markkleeberg Information, Tel. 03 41/ 353 30, www.markkleeberg.de

Sport

Kanupark Markkleeerg, Wildwasserkehre 1, Tel. 03 42 97/14 12 91, www.kanu park-markkleeberg.com, Mai–Okt., im Sommer Reservierung ratsam.

Restaurants

Strandcafé, Seepromenade 4, Tel. 03 41/ 337 65 80, www.strandcafe-leipzig.de. Stylishes Lokal mit Holzterrasse direkt über dem Wasser.

Weinbeißerei, Seeblick 4, Tel. 03 41/ 336 66 08, www.weinbeisserei.de. Gemütliche Vinothek am Seeufer.

75 Cospudener See

Top Tipp

Ein Paradies für Wasserratten mit sandigen Stränden und eigenem Hafen im Leipziger Neuseenland.

Tram 9 Parkstraße, von dort Bus 65 Cospudener See

Westlich der 25 000-Einwohner-Stadt Markkleeberg breitet sich der Cospudener See aus. Schon im Jahr 2000 erreichte er seinen endgültigen Wasserstand – entsprechend vielfältig ist das Freizeitangebot an seinen Ufern.

Wem es vor allem darum geht, gemütlich im Sand zu liegen und gelegentlich in die kühlen Fluten zu springen, sollte den **Nordstrand** des Cospudener Sees ansteuern. Man erreicht ihn über den Ziegeleiweg, an dem für Besucher des Sees große Parkplätze ausgeschildert sind. Von hier aus führen Fußwege in etwa 10 Minuten – vorbei an dem kleinen Badeteich ›Die Lauer‹ – zum Ufer des Cospudener Sees. Die Busse der Linie 65 halten direkt am nördlichen Seeufer. In den Sommermonaten hat ein Strandkiosk geöffnet und es gibt Beach-Volleyballfelder. Weiter südlich erstreckt sich der *Markkleeberger Golfplatz* (s. u.).

Maritime Stimmung in der Wirtschaft am Pier 1 am Cospudener See

Ein asphaltierter, gut 11 km langer Rad- und Spazierweg umrundet den See. Vom Nordstrand aus sind es am Ostufer entlang nur etwa 2 km zum **Hafen** von Markkleeberg. Hier legt die *MS Cospuden* (Tel. 03 41/940 42 97, www.aufinsabenteuer.de, Sommer tgl. ab ca. 13 Uhr) zu gut einstündigen Rundfahrten auf dem See ab. Besonders beliebt ist die hiesige *Sauna* (Tel. 03 41/358 50 77, www.sauna-im-see.de, Mo 11–23, Di, Mi–So 10–23 Uhr), von der man zur Abkühlung direkt in den See springen kann. Auch die Lokale am Hafen können sich sehen lassen. In ausgesprochen schickem Ambiente speist man im *Seeteufel* (s.u.). Bodenständiger gibt sich die *Wasserwirtschaft am Pier 1* (s.u.).

Das **Südufer** des Cospudener Sees ist für Enten, Stelzvögel und Frösche reserviert, die sich in den wenigen Jahren, die der See erst existiert, bereits ein eigenes Biotop erobert haben. Am südwestlichen Rand des Sees liegt der *Vergnügungspark Belantis* [Nr. 76], dessen große golden glänzende Pyramide schon von Weitem zu sehen ist.

Direkt südlich und vom Cospudener See nur durch die A 38 getrennt, erstreckt sich der mehr als doppelt so große **Zwenkauer See**. Seine Flutung wird im Jahr 2014 abgeschlossen sein.

i Praktische Hinweise

Information

Pier 1, Hafenstraße 23, 04416 Markkleeberg, Tel. 03 41/71 07 70, www.leipzigseen.de

Sport

Markkleeberger Golfplatz, Mühlweg/Koburger Str., 04416 Markkleeberg, Tel. 03 41/358 26 86, www.golfclub-markkleeberg.de. 9-Loch, Par 68, Driving Range

Segelschule Schabacker, Lutherstr. 14, Leipzig, Tel. 03 41/521 48 32, www.segelschule-leipzig.de. Segel- und Jachtsportschule, auch Motorbootausbildung. Kurse am Cospudener See.

Surfcenter Leipzig, Hafenstr. 21, Leipzig, Markkleeberg, Tel. 03 41/354 23 55, www.surfcenterleipzig.de. Surfen und Ausrüstungsverleih am Cospudener See.

Restaurants

Forsthaus Raschwitz, Koburger Str. 31, 04416 Markkleeberg, Tel. 03 41/356 88 80, www.forsthaus-raschwitz.de. Ausflugsgaststätte und drittgrößter Biergarten im Süden von Leipzig, zu Fuß 3 km vom Nordstrand des Cospudener Sees entfernt, mit dem Auto sind es 7 km.

Als wäre es Sylt: Blick vom Sandstrand des Cospudener Sees auf begeisterte Surfer

Seeteufel, Ostuferweg 1, 04416 Markkleeberg, Tel. 03 41/350 29 99, www.seeteufel.cc. Anspruchsvolle Speisen in noblem Ambiente

Wasserwirtschaft am Pier 1, Hafenstraße 21, 04416 Markkleeberg, Tel. 03 41/350 32 32, www.wasserwirtschaft-ampier1.de. Seeluft schnuppern bei Pasta.

76 Belantis

Märchenhafte Erlebniswelten im Vergnügungspark – Spaß für die ganze Familie.

A38, Abfahrt Neue Harth/Belantis-Park, ca. 15 km südlich vom Zentrum
Tel. 01378/40 30 30
www.belantis.de
April–Juni, Sept./Okt. Mi, Sa/So 10–18, Juli/Aug. tgl. 10–18 Uhr

Schulkinder und Familien begeistern sich für den **Erlebnispark Belantis** am Südufer des Cospudener Sees. Über die Leipziger Autobahn-Südumgehung ist er gut zu erreichen. Den Eingang bewacht das wahrhaft märchenhafte hellblaue **Belantis-Schloss**, außen in fantasievollem Zuckerbäckerstil, innen mit Ballsaal und Veranstaltungsräumen.

Im 25 ha großen Park gibt es neben traditionellen Karussells und Rummelplatz-Attraktionen sieben Erlebnisbereiche, von der ›Prärie der Indianer‹ über das ›Tal der Pharaonen‹ bis zur ›Insel der Ritter‹. Geboten sind Zirkusshows, Bootsfahrten, eine Wasserrutschfahrt von der 38 m hohen Pyramide, ein Drachenritt in der Achterbahn oder ein Abstieg ins Verließ des Grauens – Langeweile kommt gewiss nicht auf. Für das leibliche Wohl sorgen Bodega, Schloss-Café und mehrere Imbiss-Stuben. Aber verirren Sie sich auf dem Weg dorthin nicht im Labyrinth von Avalon.

Beim Bootsfahren im Erlebnispark Belantis können Besucher ihrer Fantasie freien Lauf lassen

Rasantes Fahrvergnügen mit der Achterbahn im Freizeitpark Belantis

77 Störmthaler See

Riesige Förderbänder am Ufer eines gefluteten Tagebaugebietes.

Prager Straße zum Ortsteil Liebertwolkwitz, dort rechts Richtung Oelzschau, 4 km bis Störmthal

Störmthal ist ein für Sachsens ländliche Regionen typisches Straßendorf. Einst gehörten seine stattlichen Drei- und Vierseithöfe zu einem Rittergut. Sogar ein Schloss gibt es noch. Nur wenige Hundert Meter vom Ort entfernt breitet sich der **Störmthaler See** aus. Mit einer Fläche von 7,3 km^2 ist er das zweitgrößte Gewässer im Neuseenland. Seine Flutung wurde erst Ende 2012 abgeschlosssen. Da die Ufer noch nicht vollständig befestigt sind, sollte man sich an die ausgewiesenen Wege halten. Unter ihnen sind ein geteerter, fast vollendeter Rundkurs sowie ein Geopfad, der Einblicke in die Erdgeschichte gewährt. Er beginnt an der Seepromenade von Markkleeberg und endet an der Magdeborner Halbinsel.

Die Freigabe des Markkleeberger Sees für individuelle Bootstouren ist für 2014 vorgesehen, dann wird es auch Badestellen und einen Hafen auf der Magdeborner Halbinsel geben.

Steht man am Ufer des Störmthaler Sees, so sieht man die schwimmende Insel **Vineta** (www.vineta-stoermthal.de) inmitten des Sees treiben. Das Gebäude auf dem kleinen ›Eiland‹ ist dem Dach der Kirche des für den Bergbau zerstörten Dorfes Magdeborn nachempfunden. Touren zu dem schwimmenden Denkmal kann man mit einem restaurierten *Oldtimer-Amphibienfahrzeug* (Termine unter 0341/1406 60 oder www.amphibientour.de) oder, weniger abenteuerlich, mit einer Fähre unternehmen. Sie legen von der Magdeborner Halbinsel bei Dreiskau-Muckern ab.

Mit welch gewaltigen Geräten die Landschaft des Neuseenlandes geformt wurde, zeigt der **Bergbau Technikpark** (Am Westufer 2, Großpösna, Tel. 03 42 97/140 10, www.bergbau-technik-park.de, April–Okt. Do–So 10–16 Uhr). Ein Rundweg führt vorbei an einem riesigen Schaufelradbagger und an Förderbändern aus dem Zwenkauer Tagebau.

Am Störmthaler See stehen im Bergbau Technikpark Relikte des mitteldeutschen Tagebaus

Nach der Braunkohle kam das Wasser: Die Renaturierung der Tagebaulöcher ist geglückt

Umstrittene Energiereserve: die Mitteldeutsche Braunkohle

Südlich von Leipzig erstreckt sich mit dem **Mitteldeutschen Braunkohlerevier** die drittgrößte Abbaustätte für Braunkohle in Deutschland. Immerhin ein Zehntel des deutschen Energiebedarfs wird von der Braunkohle gedeckt – und dieser Anteil könnte in den nächsten Jahren wegen des beschlossenen Ausstiegs aus der Kernkraft sogar noch steigen. Für die deutsche **Klimabilanz** ist das allerdings kein gutes Omen: etwa 1 kg CO_2 wird pro Kilowattstunde aus Braunkohle erzeugten Stroms freigesetzt. Das ist freilich deutlich weniger als zu DDR-Zeiten, als ganze Landstriche von den Abgasen der Braunkohlekraftwerke eingehüllt wurden.

Die Braunkohle-Kritiker verweisen auch auf den hohen ökologischen Preis, den die Reviere zu zahlen haben: riesige Bagger graben ganze Landstriche um, hinterlassen künstliche Täler und enorme Schutthalden. Etwa 70 Ortschaften mussten südlich von Leipzig der Braunkohle weichen, Flüsse und Straßen wurden verlegt.

Die Wunden, die der Landschaft geschlagen wurden, verheilen allerdings allmählich. Im **Neuseenland** ist die Flutung der Tagebaurestlöcher fast abgeschlossen, allenthalben wachsen Büsche und Bäume auf den sandigen Flächen. Zugleich geht der Tagebau in den Revieren Profen und Schleenhain, betrieben von der MIBRAG, weiter. Am Rand beider Anlagen gibt es Aussichtspunkte (Schleenhain: bei Deutzen, Profen: bei Hohenmölsen, www.mibrag.de) – der Blick auf Bagger und Bergbau-Mondlandschaft ist äußerst beeindruckend.

78 Beucha

Bekannter Kirchsteinbruch – ein ›umgekehrtes Völkerschlachtdenkmal‹.

A 14, Abfahrt Naunhof, oder B 6, von Borsdorf nach Süden, etwa 8 km südöstlich von Leipzig

Unmittelbar vor den Toren Leipzigs liegt Beucha. Einzige Sehenswürdigkeit ist die **Kirche** auf einem Porphyrfelsen über dem Ort. Sie hat romanische Ursprünge und wurde im 19. Jh. erweitert. Das besondere an ihr ist die Lage: Sie steht im wahrsten Sinne des Wortes ›am Abgrund‹. Denn direkt hinter dem Kirchlein geht es steil hinab, dort tut sich das große, mit tiefdunklem Wasser gefüllte Loch des aufgelassenen **Kirchsteinbruchs** auf – ein eindrucksvoller Anblick! Anfang des 20. Jh. wurden aus diesem Steinbruch die Quader für das Leipziger Völkerschlachtdenkmal [Nr. 69] gehauen. Sie bestehen aus 270 Mio. Jahre altem **Porphyrgestein**. Dieses grünlich- oder rötlich-graue Gestein lässt sich gut bearbeiten und ist als Baumaterial in der Gegend beliebt.

Der Kirchsteinbruch ist inzwischen geflutet und wird als Badesee genutzt. Der einzige Zugang befindet sich auf der Nordseite. Der Weg führt über ein Feld. Besser zu erreichen ist der von einem kleinen Park umgebene Aussichtspunkt am südlichen Seeufer.

79 Machern

Erst prägten Ritter und Schlossherren, dann erholungssuchende Fabrikantenfamilien die ländliche Idylle.

B6, ca. 20 km nach Osten
www.schlossmachern.de

Einige Kilometer westlich des Muldetals beginnt bei Machern das liebliche **Hügelland**, das den Norden Sachsens prägt. Im 19. und 20. Jh. ließen sich Adelige und Unternehmer hier ihre vornehmen Villen errichten. Und noch heute schätzen viele Leipziger den Ort als eine der attraktivsten Wohnadressen auf dem Lande.

Nicht weit von der Durchgangsstraße des Dorfes liegt am Schlossplatz der Eingang zu **Schloss Machern** (s.u.). In seinen Mauern befindet sich ein Restaurant, regelmäßig finden hier Konzerte und andere Veranstaltungen statt. Das Kavaliershaus nebenan wurde zu einem schmucken Hotel umgestaltet.

Von etwa 1430 bis 1802 befand sich das *Rittergut* im Besitz der Meißener Adelsfamilie von Lindenau. Graf Carl Heinrich August (1755–1842), der letzte Herr von Lindenau, ließ die kleine dreiflüglige barocke *Wasserburg* Ende des 18. Jh. in historisierendem Stil mit neogotischen Elementen zum Wohnschloss ausbauen.

Eingebettet ist das Schloss in einen ausgedehnten **Landschaftspark** nach englischem Vorbild. Hübscher Blickfang ist der kleine *Hygieiatempel* am Ufer des Teichs hinter dem Schloss. Am nördlichen Rand des Parks steht die *Ritterburg*. Dieser 26 m hohe Turm spiegelt die Mittelalterbegeisterung des späten 18. Jh. Der Zugang zum Turm führt durch einen 36 m langen unterirdischen Gang, dessen Pforten allerdings ein trutziges Tor versperrt. Die nahe *Pyramide* ist dem Andenken an Gräfin Charlotte Auguste (1729–1764), der Mutter des Parkgestalters Carl Heinrich von Lindenaus, gewidmet.

Etwa 2 km weiter nördlich liegen die **Lüpschützer Teiche** – ein Erholungsgebiet mit Campingplatz und Wochenendhäusern inmitten eines lichten Waldstücks. Hier versteckte die DDR-Regierung den **Stasi-Bunker** (Tel. 03 41/961 24 43, www.runde-ecke-leipzig.de, letztes Wochenende im Monat 13–16 Uhr, sonst nach Vereinbarung). Er sollte 120 Mitarbeitern der Staatssicherheit aus dem Raum Leipzig im Kriegsfall Schutz gewähren. Die Bespitzelung ihrer Bürger wollten die DDR-Oberen keinesfalls gefährdet sehen.

i Praktische Hinweise

Hotel und Restaurant

Schloss Machern, Schlossplatz 1, 04827 Machern, Tel. 03 42 92/720 79, www.schlossmachern.de. Übernachten im einstigen Kavaliershaus, speisen im Schloss.

Stille Wasser – der Kirchsteinbruch Beucha unterhalb der ursprünglich romanischen Kirche

Grimmas Marktplatz beherrscht das mächtige Renaissance-Rathaus von 1442

80 Püchau

Kleiner Ort mit großem Schloss am Beginn des Muldetals.

B6, ca. 20 km nach Osten

Von der kleinen Dorfkirche von Püchau führt eine Steinbogenbrücke hinüber zum **Schloss Püchau** (Schlossstr. 20, Tel. 034 25/81 69 48, www.schloss-puechau.de, April–Okt. Sa/So 11–18 Uhr). Unter der Woche muss man mit einem Blick auf seine Fassaden vorlieb nehmen, doch im Sommerhalbjahr öffnet am Wochenende das Schlossrestaurant.

Das Püchauer Schloss ist eine dreiflügelige Anlage mit kleinem Treppenturm. Das *Hauptgebäude* präsentiert sich verspielt mit Türmchen, Erkern, Balkonen und einer gotisch verzierten Tordurchfahrt in den Innenhof. Flache Wirtschaftsgebäude umgeben den Anfahrtshof, in dessen Mitte sich ein hübscher Brunnen befindet. Der große umliegende **Park** mit dem Schwanenteich geht offen in die anmutige Landschaft des Muldetals über.

Dem Schutz einer Furt über die Mulde diente wohl die erste Burg an dieser Stelle. Erstmals erwähnte sie der Chronist Thietmar von Merseburg im Jahr 924. König Heinrich ließ sie damals zur Verteidigung seines Reiches gegen Überfälle der Ungarn errichten. Im 16. Jh. entstand auf dem Anwesen ein kleines Schloss. 1845 ließ es der damalige Besitzer, Graf von Hohenthal, völlig umgestalten, 1912 erhielt es sein heutiges Aussehen.

81 Grimma

TOP TIPP

Herrliche Altstadt und ausgedehnte Mulde-Spaziergänge.

A 14, Abfahrt Grimma, dann B 107, ca. 20 km südöstlich von Leipzig
www.grimma.de

Gemächlich fließt die Mulde an Grimma (18 200 Einwohner) vorbei. Das Städtchen erstreckt sich entlang ihres linken Ufers und besteht fast vollständig aus kleinen Bürgerhäusern aus der Renaissance- und Barockzeit.

Ein Besuch der Stadt sollte an der **Pöppelmannbrücke** am nordwestlichen Ortsrand beginnen. Matthäus Daniel Pöppelmann (1662–1737), der Baumeister des Dresdner Zwingers, schuf die prächtige Brücke über die Mulde im Jahr 1719. Pfeiler aus rotem Porphyr tragen ihre Bögen. Ursprünglich überspannten sie in schönster Regelmäßigkeit den Fluss. Doch die Wucht des Muldehochwassers 2002 riss die halbe Brücke weg. Um eine solche Katastrophe künftig zu verhindern, wurden die Pfeiler im Mittelteil der Radfahrer- und Fußgängerbrücke nicht wieder aufgebaut. Stattdessen setzte man einen weiten Stahlbogen zwischen die historischen Bauteile.

Stadteinwärts steht am Fluss das **Grimmaer Schloss**. Die Wettiner errichteten den wuchtigen Renaissancebau im 15. Jh. als Nebenresidenz. Seine zwei schmucklosen Baukörper wurden für das Grimmaer Amtsgericht saniert. Während der üblichen Bürozeiten steht der Bau Besuchern offen.

Weitaus prächtiger als das Grimmaer Schloss wirkt das **Gymnasium St. Augustin** (Klosterstraße 1, Besichtigung im Rahmen von Stadtführungen) nebenan. Die weit ausgreifende Fassade krönen

Schmuckgiebel, durch das vornehme Portal betritt man Räume, die weniger nach Schule als nach Adelspalast aussehen. Dieser 1897 vollendete Prachtbau für die Bildung ersetzte das schon 1550 von Moritz von Sachsen in eine fürstliche Schule umgewandelte Kloster der Augustiner-Eremiten.

Im Vergleich zum Gymnasium wirkt die sich unmittelbar anschließende säkularisierte **Klosterkirche** bescheiden. Der turmlose, gotische Bau wird für Veranstaltungen, Märkte und Konzerte genutzt. In der früheren Mädchenschule nebenan ist das **Kreismuseum** (Paul-Gerhardt-Straße 43, Tel. 03437/911132, www.museum-grimma.de, Di–Fr und So 10–17 Uhr) eingerichtet, das die Geschichte des Ortes, wichtige Persönlichkeiten und die Lebens- und Arbeitsweisen in der sächsischen Provinz dokumentiert.

Die parallel zur Mulde verlaufende *Lange Straße* und die *Brückenstraße* bilden gewissermaßen das doppelte Rückgrat der Stadt. Sie sind gesäumt von historischen Renaissance- oder Barock-Häusern – Wohngebäude, Handwerkshäuser und Geschäfte – und rahmen ihrerseits den **Markt**. In der Mitte des Marktplatzes steht das schmucke zweistöckige **Renaissance-Rathaus**. Seine strahlend weiße Fassade ist mit rotem Porphyr abgesetzt. Unter der doppelläufigen Freitreppe befindet sich der Eingang zum Ratskeller. Außerdem ist in den unteren Gewölben des Rathauses eine Galerie untergebracht.

Im **Seumehaus** (Markt 11, Tel. 03437/91118, Di–Fr 13–17 Uhr) betrieb der Leipziger Verleger Georg Joachim Göschen (1752–1828) ab 1797 eine Druckerei. Zu seinen Autoren zählten Schiller und Goethe. Der Dichter Johann Gottfried Seume (1763–1810), der für Göschen das Lektorat erledigte, wohnte zeitweilig in dem Haus. Heute ist es als Begegnungsstätte geöffnet. Im historischen Eingangsbereich sind Fresken aus dem Jahr 1683 zu bewundern, und in den beiden Ausstellungsräumen können Besucher sich im Schreiben mit dem Federkiel üben oder einige Utensilien einer alten Druckerei betrachten.

Am Südende der Langen Straße ragen die beiden markanten, lang und spitz

Schloss Gattersburg bei Grimma ist ein Beispiel für die netten Ausflugsziele im Muldetal

zulaufenden Türme der gotischen **Frauenkirche** (www.frauenkirche-grimma.de, Di–Sa 10–12 und 14–16.30 Uhr) auf. Der gotische Bau aus Rochlitzer Stein wurde um 1230 über einer dreischiffigen romanischen Pfeilerbasilika begonnen, von der noch das zweitürmige *Westwerk* mit Biforienfenstern stammt. Nach dem Stadtbrand von 1430 wurde um 1462 das Langhaus mit vier spitzbogigen Arkaden neu ausgebaut sowie das Querschiff und die Eindeckung mit Kreuzrippengewölben ergänzt. Auch die zwei halbkreisförmigen Apsiden der Seitenschiffe an der Ostseite sowie der Vorbau am Westwerk entstanden in dieser Zeit. Den Altar schmückt ein teilvergoldeter gotischer *Flügelaltar*, dessen Schnitzwerk um 1510 von dem Leipziger ›Meister des Knauthainer Altars‹ geschaffen wurde. Das Werk gilt aufgrund seiner Motive auf den vier Fronttafeln und der Malereien auf der Rückseite als Weihnachtsaltar.

Schön ist ein Spaziergang von der Kirche hinunter zur Mulde, die im Ortsbereich von einem Sträßchen begleitet wird. Es endet beim Restaurant *Schloss Gattersburg* (Colditzer Weg 3, s.u.). Im Sommer legen die Passagierboote der **Grimma Muldenschifffahrt** (Colditzer Weg 3, Tel. 03437/915158, im Sommer tgl. 10–17 Uhr) direkt unterhalb der Gattersburg ab und steuern Höfgen an.

Wer lieber weiter wandern will, der wählt die schmale Fußgänger-Hängebrücke über die Mulde. Über den Felssporn des Rabenstein über der Mulde hinweg kommt man so in zwei Stunden nach Kaditzsch, wo sich die Denkmalschmiede Höfgen [Nr. 82] befindet.

i Praktische Hinweise

Information

Stadtinformation, Markt 16, Tel. 03437/9858285, www.grimma.de

Hotel

Schloss Gattersburg, Colditzer Weg 3, 04668 Grimma, Tel. 03437/924680, www.gattersburg.de. Schmucke Zimmer in einer herrschaftlichen Gründerzeit-Villa.

Restaurant

Pferdestall, Leipziger Platz 6, 04668 Grimma, Tel. 03437/98800, www.pferdestall-grimma.de. Unter den Gewölben eines einstigen Pferdestalls gibt es regionale Spezialitäten.

Plan S. 113

82 Denkmalschmiede Höfgen

Kulturinitiative im Vierseithof strahlt auf die ganze Umgebung aus.

Die Denkmalschmiede Höfgen in Kaditzsch besteht aus mehreren stimmungsvollen Fachwerkhäusern, die im Geviert einen kopfsteingepflasterten Hof umgeben. Dieses malerische Ambiente und die immer wieder stattfindenden Kulturveranstaltungen machen die Denkmalschmiede zu einem beliebten Ausflugsziel. Für das leibliche Wohl sorgt das rustikale Restaurant **Stregehaus** (Tel. 03437/987777, Mo geschl.) gegenüber dem Toreingang.

TOP TIPP Von Kaditzsch aus führt der Turmweg hinunter zum **Jutta-Park**, den Jutta Gleisberg, wohlhabende Witwe eines Großmühlenbesitzers, 1904 am Muldesteilhang anlegen ließ. Am oberen Rand des Parks erhebt sich der 16 m hohe, runde Bismarckturm. Er ist einer von vielen Aussichtstürmen und Denkmälern, die Anfang des 20. Jh. zu Ehren des Eisernen Kanzlers errichtet wurden. 81 Stufen führen zu seiner Plattform hinauf, von der aus man weit über die Wipfel ins leicht gewellte Gelb-Grün des sächsischen Hügellandes und in die sattgrüne Muldenaue blickt. Eine Klang-Installation verwandelt den kurzen Treppenaufstieg in ein Hör-Erlebnis.

Zur Mulde hin fällt das Gelände des Jutta-Parks etwas ab. Hier befindet sich in unmittelbarer Ufernähe im Fluss die **Schiffsmühle** (April–Okt. Di–So 10–13 und 14–17 Uhr). Der schlichte Holzbau von 1992 ist die Rekonstruktion eines schwimmenden Mühlentyps, der bis ins 19. Jh. häufig verwendet wurde. Das technische Denkmal mit kleinem Museum kann besichtigt werden. Am Ufer neben der Schiffsmühle lädt das **Hotel Schiffsmühle** (s.u.) mit einem Restaurant mit schöner Terrasse zu erholsamer Rast ein.

Etwas weiter landeinwärts, im Weiler Höfgen, steht an einem zur Mulde führenden Bach die 1721 erbaute **Wassermühle**. Bis zum Hochwasser 2002 funktionierte sie nach dem Prinzip der ›klappernden Mühle am rauschenden Bach‹, inzwischen treibt der Bachlauf nur noch eine Stromturbine an. In dem alten Fachwerkhaus sind das Mahlwerk sowie die historisch eingerichtete Müllerswohnung als *Museum* (April–Okt. tgl. 10–17 Uhr) zu besichtigen.

Unterhalb von Höfgen bringt ein Fährmann Besucher auf seinem Kahn über den Fluss. Der Ausflug lohnt, denn am jenseitigen Ufer liegt, malerisch von Bäumen umgeben, die **Klosterruine Nimbschen**. Von dem 1285 gegründeten und 1530 aufgelassenen *Zisterzienserinnenkloster Marienthron* sind nur noch einige Außenmauern vorhanden, aber der Ort atmet Geschichte. Hier lebte 14 Jahre lang Katharina von Bora (1499–1552), die spätere Ehefrau des Kirchenreformators Martin Luther. Sie kam als Zehnjährige in

Moderne Kunst in alten Höfen – die Denkmalschmiede Höfgen bietet Raum für Experimente

dieses Kloster und wurde im Alter von 16 Jahren Nonne. Sechs Jahre später, 1523, floh Katharina mit elf Mitschwestern von dem ungeliebten Ort nach Wittenberg. In unmittelbarer Nähe befindet sich das gleichnamige Hotel mit Restaurant (s.u.).

i Praktische Hinweise

Information

Denkmalschmiede Höfgen, Teichstraße 11, Grimma, Ortsteil Kaditzsch, Tel. 034 37/987 70, www.hoefgen.de

Hotels und Restaurants

Hotel Schiffsmühle, Zur Schiffsmühle 2, Tel. 034 37/760 20, 04668 Grimma, Ortsteil Höfgen, www.schiffsmuehle.de. Gemütliches Hotel im Grünen mit eigener Gastwirtschaft.

Hotel Kloster Nimbschen, Nimbschener Landstraße 1, Tel. 034 37/99 50, 04668 Grimma. Modernes Hotel mit allen Annehmlichkeiten unmittelbar neben der Klosterruine

Restaurant

Zur Wassermühle, Höfgener Dorfstraße 10, Tel. 034 37/91 71 53, 04668 Grimma/Höfgen, www.wassermuehle-hoefgen.de. Gelegentlich wird an den Wochenenden noch gebacken, ansonsten kommt regionale Küche auf den Tisch.

83 Colditz

TOP TIPP *Das mächtige Schloss über der Zwickauer Mulde blickt auf eine spannende Geschichte zurück.*

Colditz (5000 Einwohner) liegt im schmalen Flusstal der Zwickauer Mulde, ca. 40 km südöstlich von Leipzig. Enge Gassen mit alten Häusern, teilweise in Fachwerk-Konstruktion, ziehen sich die steile Flussterrasse hinauf.

Darüber erhebt sich **Schloss Colditz** (Tel. 03 43 81/551 51, www.schloss-colditz.de, April–Okt. tgl. 10–17, Nov.–März tgl. 10–16 Uhr), das majestätisch das Tal überblickt. Die ältesten Teile des trutzigen Baus stammen vom Anfang des 16. Jh. Unter Sophie, der Witwe des Kurfürsten Christian I., war Colditz in den Jahren 1603–22 sogar Residenzstadt. Im 18. Jh. wurde das Schloss von August dem Starken noch als Jagdschloss genutzt,

Hinter den Mauern von Schloss Colditz schmachteten Nazigegner und Soldaten

danach fand es bis 1924 Verwendung als ›Armen- und Irrenhaus‹.

1933 begann die Nutzung als **Haftlager**, in dem zunächst etwa 600 Widerstandskämpfer gegen die Nazis inhaftiert waren. Ab 1939 diente es unter der Bezeichnung **Oflag IVc** als Gefangenenlager für Offiziere der alliierten Streitmächte aus Westeuropa. In Fürstenhaus, Kapelle sowie Wach- und Beamtenhaus wird eine Ausstellung über die Verhältnisse in dieser Einrichtung gezeigt. Besichtigt werden kann auch ein 44 m langer **Fluchttunnel**, den inhaftierte französische Offiziere gruben. Er führt von der Kapelle unter der Außenmauer hindurch nach draußen. Trotz der unzugänglichen Lage, gewaltiger Einzäunungen und schärfster Bewachung sind 31 solcher teils spektakulärer *Fluchtfälle* dokumentiert. Sie boten später Stoff für mehrere Romane und Filme. Am 16. April 1945 wurden die Lagerinsassen befreit.

In einem Flügel am ersten Schlosshof – dort, wo früher die Kommandantur untergebracht war – kann man auch übernachten. Denn hier befindet sich die *Jugendherberge Schloss Colditz*.

i Praktische Hinweise

Information

Tourismusverein Colditzer Muldenland, Markt 11, 04680 Colditz, Tel. 03 43 81/ 435 19, www.touristinfo-colditz.de

Unterkunft

Jugendherberge Schloss Colditz, Schlossgasse 1, 04680 Colditz, Tel. 03 43 81/450 10, www.colditz.jugendherberge.de

»Fährmann, hol über!« – auf diesen Ruf hin erhält man Passage über die Mulde

Leipzig aktuell A bis Z

Vor Reiseantritt

ADAC Info-Service:
Tel. 0 800 5 10 11 12 (Mo–Sa 8–20 Uhr). Hier oder in den ADAC Geschäftsstellen können ADAC Mitglieder kostenloses Informationsmaterial anfordern.

ADAC Mitfahrclub, mitfahrclub.adac.de. Fahrtangebote und Mitfahrgelegenheiten im Internet, als mobile Anwendung für alle Handys mit Browser und als App für iPhone und iPad.

ADAC im Internet:
www.adac.de
www.adac.de/reisefuehrer

Leipzig im Internet:
www.leipzig.de
www.ltm-leipzig.de
www.leipzig-im.de

Informationsmaterial, Broschüren und Prospekte erhält man auch bei:

Leipzig Tourismus und Marketing GmbH, Tourist-Information, Katharinenstr. 8, 04109 Leipzig, Tel. 03 41/710 42 60, info@ltm-leipzig.de

Zimmervermittlung, Tel. 03 41/710 42 55

Allgemeine Informationen

Tourismusbüro

Leipzig Tourismus und Marketing GmbH, s.o.

Leipzig Card

Die Leipzig Card (www.leipzig-card.de) bietet allerlei Vergünstigungen: freie Benutzung der öffentlichen Verkehrsmittel (außer Sonderfahrten und Zug zum Flughafen). Preisvorteile bei Stadtrundfahrten, Stadtspaziergängen, der Großen Leipzig-Stadtrundfahrt mit der Straßenbahn und dem Schiffsausflug auf dem Cospudener See. Ermäßigungen gibt es außerdem bei Museen, Zoo, Gewandhaus, Theater, Oper u. a. m. Auch einige Geschäfte und Restaurants gewähren Preisnachlässe.

Die Leipzig Card gibt es für 1 Tag (8,90 € pro Person) oder 3 Tage (18,50 €) sowie als 3-Tages-Gruppenkarte (2 Erwachsene und bis zu 3 Kinder unter 14 Jahre, 34 €); erhältlich u. a. bei den Tourismusbüros, in der LVB-Servicestelle (Karl-Liebknecht-Str. 8), in zahlreichen Museen und Hotels, bei den meisten Reiseveranstaltern sowie über das Internet.

Behinderte

Barrierefrei zugänglich für Rollstuhlfahrer sind u. a. Hauptbahnhof, Museum der Bildenden Künste, Forum für Zeitgenössische Kunst, Oper und Gewandhaus. Weitere Auskünfte erteilen die Tourismusbüros oder:

Behindertenverband Leipzig, Bernhard-Göring-Str. 152, Leipzig, Tel. 0341/306 51 20, www.le-online.de

Fundbüro

Fundbüro, Technisches Rathaus, Prager Str. 130, Haus A, Tel. 03 41/123 84 00, Di 9–12 und 13-18 Uhr

Zeitungen

Leipziger Volkszeitung, www.lvz.de. Die regionale Tageszeitung gibt aktuell Auskunft über Veranstaltungen, Ausstellungen, Märkte und besondere Ereignisse (www.leipzig-life.de).

Kreuzer, www.kreuzer-leipzig.de. Monatlich erscheinende Stadtzeitung mit ausführlichem Veranstaltungskalender; erhältlich an Kiosken, in Lokalen und Geschäften.

In vielen Lokalen liegen monatlich erscheinende **Stadtzeitungen** wie Blitz, Fritz oder Zeitpunkt gratis aus.

Anreise

Auto

Leipzig hat Anschluss an zwei Autobahnen: A 9 München–Berlin und A 14 Magdeburg–Dresden. Die A 38 verbindet als Südumgehung die A 9 mit der A 14.

An den S-Bahn-Stationen außerhalb der Innenstadt sind Park & Ride **Parkplätze** ausgewiesen. Große **Parkgaragen** gibt es auf der West- und der Ostseite des Hauptbahnhofes, am Zoo und unter dem Augustusplatz.

Bahn

Die Deutsche Bahn (DB) fährt Leipzig Hbf auf den Strecken München–Berlin und Dresden–Frankfurt/Main mit dem Intercity Express (ICE) an und verbindet die Stadt mit fast allen Zielen in Mitteldeutschland. Das private Unternehmen Interconnex bietet die Verbindung Leipzig–Berlin–Rostock–Warnemünde an.

Von Zürich starten Nachtreisezüge:

Deutsche Bahn, Tel. 0180 6 99 66 33 (20 ct/Anruf dt. Festnetz; max. 60 ct/Anruf dt. Mobilfunknetz), Tel. 0800 150 70 90 (automatische Fahrplanansage), www.bahn.de

Deutsche Bahn Autozug, www.dbautozug.de

City Night Line, www.citynightline.de

Österreichische Bundesbahn, www.oebb.at, Tel. 05 17 17

Schweizerische Bundesbahnen www.sbb.ch, Tel. 0900 300 300 (CHF 1,19/Min. Schweizer Festnetz)

Flugzeug

Der **Flughafen Leipzig-Halle** liegt etwa 18 km nordwestlich vom Stadtzentrum, am **Schkeuditzer Kreuz** der Autobahnen A 9 und A 14, Abfahrt Schkeuditz von der A 14. Es gibt Linienflüge zu rund 20 innerdeutschen und zu einer Reihe europäischer Ziele.

Flugauskunft: Tel. 03 41/224 11 55, www.leipzig-halle-airport.de

An der Bahnstrecke Halle–Leipzig liegt der Bahnhof Leipzig Flughafen. Nahverkehrszüge verbinden halbstündlich den Flughafen mit Leipzig Hauptbahnhof und Halle Hauptbahnhof.

Service und Notruf

Notruf
Tel./Mobil: 112 (EU-weit: Polizei, Unfallrettung, Feuerwehr)

ADAC Info Service
Tel. 0800 5 10 11 12 (Mo–Sa 8–20 Uhr)

ADAC Pannenhilfe Deutschland
Tel. 0 180 2 22 22 22 (dt. Festnetz 6 ct/Anruf; dt. Mobilfunk max. 42 ct/Min.), Mobil-Kurzwahl: 22 22 22 (Verbindungskosten je nach Netzbetreiber/Provider)

Hilfe an Notrufsäulen
Unbedingt den ADAC verlangen

ADAC Ambulanzdienst München
Festnetz: +49 89 76 76 76 (24 Std.)

ÖAMTC Schutzbrief Nothilfe
Tel. +43 1 25 120 00, www.oeamtc.at

TCS Zentrale Hilfsstelle
Tel. +41 22 417 22 20, www.tcs.ch

Bank und Post

Bank

Öffnungszeiten: in der Regel Mo–Fr 9–13 und 14.30–16, Do bis 18 Uhr

Post

Öffnungszeiten: in der Regel Mo–Fr 8–18, Sa 8–12 Uhr

Postfiliale im Bahnhof, Querbahnsteig Westseite im Buchladen, Leipzig, Mo–Sa 9–22, So 13-19 Uhr

Einkaufen

Öffnungszeiten: Mo–Sa 9.30–20 Uhr

Eine beliebte Shoppingmeile ist die **Petersstraße**, an der moderne kleine Boutiquen neben mehrstöckigen Einkaufcentern die Kauflust steigern.

Altes und Antikes

Eine Fundgrube für Liebhaber betagter Produkte ist der **Antik- und Trödelmarkt** (Agra-Gelände, Bornaische Str. 210, Markkleeberg, Sa/So 8–15 Uhr, www.agra-veranstaltungsgelaende-leipzig.de). Er findet an jedem letzten Wochenende im Monat statt.

Antiquitäten Beier, Nikolaistr. 55, Leipzig, Tel. 03 41/980 66 66, www.beier-antik.de

Buchantiquariate

Antiquariat Dombrowski, Zschochersche Str. 13, Leipzig, Tel. 03 41/926 00 98

Antiquariat an der Nikolaikirche, Ritterstr. 8–10, Leipzig, Tel. 03 41/211 20 13, www.antiquariat-brauer.de

Sächsisches Auktionshaus und Antiquariat Johannes Wend, Markt 1, Leipzig, Tel. 03 41/983 20 15, www.antiquariat-wend.de

Feinkost

Gourmétage, Mädlerpassage, Grimmaische Str. 2–4, Leipzig, Tel. 03 41/961 10 90, www.gourmetage. de. Erlesenes und Hochprozentiges.

La Barrica, Ritterstr. 4, Leipzig, Tel. 03 41/961 43 34. Feine spanische und französische Spezialitäten.

natur & fein Biomarkt, Waldstr. 23, Leipzig, Tel. 03 41/999 98 85, www.natur-und-fein.net

Wein & Feines, Jahnallee 31, Leipzig, Tel. 03 41/993 80 91. Klassische Weine, auch von jungen neuen Winzern.

Geschenke

Faszination, Schillerstr. 5, Leipzig, Tel. 03 41/212 47 37, www.faszination.com. Innendekoration und geschmackvolle Accessoires, auch für den Garten.

livingtools, Speck´s Hof, Schuhmachergässchen 2 a, Leipzig, Tel. 03 41/253 56 96. Erlesene Accessoires für den Alltag.

Meissener Porzellan, Markt 1, Leipzig, Tel. 03 41/960 17 14, www.bodo-zeidler.de. Wer anerkennt, dass Qualität ihren Preis hat, findet hier zauberhafte Einzelstücke.

Opus 61, Ritterstr. 4, Leipzig, Tel. 03 41/913 76 10, www.opus61-leipzig.de. Die größte Auswahl an Klassik- und Jazz-CDs in der Stadt.

Scatola, Specks Hof, Schuhmachergässchen 2 a, Leipzig, Tel. 03 41/962 58 76, www.scatola-leipzig.de. Edle Schreibwaren.

Kunst und Kunsthandwerk

Fischer-Art, Brühlarkaden, Brühl 33, Leipzig, Tel 03 41/230 81 43, www.fischer-art.de. Michael Fischers Atelier – fröhlich bunt, zwischen Kunst und Klamauk.

Galerie für Schmuck Tina Schäfer, Ratsfreischulstr. 2 (Burgplatz), Leipzig, Tel. 03 41/253 58 59, www.tinaschaefer.de. Individuelle Goldschmiedekreationen.

Ein besonderes Kennzeichen von Leipzig sind seine Einkaufspassagen wie der Petersbogen

TOP TIPP **Galerie am Nikolaikirchhof**, Ritterstr. 5, Leipzig, Tel. 03 41/960 56 77, www.galerie-am-nikolaikirchhof.net. Kultkeramik aus den Hedwig-Bollhagen-Werkstätten Marwitz.

Königsberg, Speck´s Hof, Reichsstr. 4–6, Leipzig, Tel. 03 41/962 97 49, www.koenigsberg-schmuck.de. Kleidung, Keramik, Schmuck.

Steinbach Keramik, Menckestr. 44, Leipzig, Tel. 03 41/590 23 19, www.keramik-steinbach.de. Gelungenes Design für geschmackvolle Gebrauchskeramik.

Tschau-Tschüssi, Härtelstr. 4, Leipzig, Tel. 01 79/329 11 74, www.tschau-tschuessi.de. Taschen, T-Shirts, Nützliches und Ausgefallenes – durchweg originell.

Mode

Wer eher alternative und ausgeflippte Mode sucht, wird in der Karl-Liebknecht-Straße (KarlLi) ganz sicher fündig, z. B. in den Läden **Skoruppa**, KarLi 1, **Cha Cha Shoes**, KarLi 59, **Feeling**, KarLi 66, oder auch **Weberknecht**, KarLi 83.

Essen und Trinken

Bekannteste lokale Spezialität ist das **Leipziger Allerlei**. Das traditionelle Gericht basiert auf einer Mischung frischer Gemüse, die mit Flusskrebsen aufgepeppt wird – eine Köstlichkeit! Als Nachtisch bieten sich **Leipziger Lerchen** an, marzipanhaltige Törtchen, die die meisten Bäcker im Sortiment führen.

Was isst ›der Leipziger‹ sonst noch? Wenn er richtig Hunger hat, bestellt er sich eine **Fettbemme** und meint damit ein Schmalzbrot. Wenn er etwas Süßes zum Nachtisch möchte, nimmt er **Quarkkeulchen** oder einen schweren süßen Kuchen wie die **Eierschecke**, mit der man garantiert die nächsten 24 Stunden überdauert.

Und was trinkt er? Ganz sicher **Kaffee**, von dieser Vorliebe rührt auch der Beiname ›Kaffeesachse‹. Außerdem mag er die Bierspezialität seiner Stadt, auch wenn die obergärige **Leipziger Gose**, genau wie die Berliner Weiße, nur mit einem Schuss süßem Sirup zu genießen ist. Aber dann schmeckt sie herrlich erfrischend!

In Leipzig wird **Reudnitzer** gebraut, in dem Dorf Krostitz, 15 km nördlich, seit rund 470 Jahren das feinherbe **Ur-Krostitzer Pilsener** sowie seit 1998 das dunkle **Ur-Krostitzer Schwarze**.

An **Spezialitätenrestaurants** herrscht in Leipzig kein Mangel. Viele Lokale beschreibt man am Besten als kombinierte **Tagescafé-Mittagsimbiss-Abendbar**, auch wenn sie sich selbst oft ›Szene-Lokal‹ nennen. Sie zeichnen sich durch verträgliche Preise, Gemütlichkeit, entgegenkommenden Service und guten Kaffee aus, zu essen gibt es ganztägig eine Mischung aus Mediterranem und Traditionellem.

Sächsische Küche

Apels Garten, Kolonnadenstr. 2, Leipzig, Tel. 03 41/960 77 77, www.apels-garten.de. Regionale Spezialitäten nach historischen Rezepten, im Sommer mit überdachter Terrasse (So Abend geschl.).

Auerbachs Keller, Grimmaische Str. 2–4, Leipzig, Tel. 03 41/21 61 00, www.auerbachs-keller-leipzig.de. Bodenständiges in historischen Gewölben, die Literaturgeschichte schrieben.

Augustus, Augustusplatz 14, Leipzig, Tel. 03 41/960 96 03, www.restaurant-augustus.de. Das luftig-farbenfrohe Lokal im Pavillon auf dem Platz serviert neben internationalen auch regionale Spezialitäten wie Dresdner Senfbraten.

Barthels Hof, Hainstr. 1, Leipzig, Tel. 03 41/14 13 10, www.barthels-hof.de. Rustikales wie Heubraten und feine deutsche Küche in Renaissance-Ambiente und unter freiem Himmel im Innenhof.

Das alte Rathaus, Markt 1, Leipzig, Tel. 03 41/230 60 36, www.dasalterathaus-leipzig.de. Stilvolles Ambiente unter den Arkaden des Alten Rathauses.

TOP TIPP **Panorama Tower**, Augustusplatz 9, Leipzig, Tel. 03 41/710 05 90, www.panorama-leipzig.de. Gut bürgerlich speisen im obersten Stockwerk des City-Hochhauses, als ›Beilage‹ gibt's in rund 120 m Höhe den besten Ausblick der Stadt.

TOP TIPP **Zill's Tunnel**, Barfußgässchen 9, Leipzig, Tel. 03 41/960 20 78, www.zillstunnel.de. In dem ursächsischen Lokal in der Kneipenzone des Drallewatsch wird in dem lang gestreckten Gewölbe seit 1785 ›Silze vom gald'n Been‹ oder ›Ä Schdiggschen von eingeleschder Herschgoile‹ serviert.

Internationale Küche

TOP TIPP **Falco**, im Hotel Westin, Gerberstr. 15, Leipzig, Tel. 03 41/988 27 27, www.falco-leipzig.de. Das Gourmetrestaurant in der 27. Etage beeindruckt mit einem grandiosen Stadtpanorama, einer modernen Inszenierung von Raum und Ambiente, höchster kreativer Kochkunst und bemerkenswerter Weinkarte.

Niemanns Tresor, Thomaskirchhof 20, Leipzig, Tel. 03 41/980 09 47, www.niemannstresor.de. Speisen in großzügigen Räumen einer früheren Privatbank mit Blick auf die Thomaskirche.

Restaurant Stadtpfeiffer im Gewandhaus zu Leipzig, Augustusplatz 8, Leipzig, Tel. 03 41/217 89 20, www.stadtpfeiffer.de. Mit einem Michelin-Stern und drei Gault-Millau-Hauben ausgezeichnete Feinschmeckerikone.

TOP TIPP **Stelzenhaus**, Weißenfelser Str. 65, Leipzig, Tel. 03 41/492 44 45, www.stelzenhaus-restaurant.de. Die hohe Schule der Kochkunst wird über dem Karl-Heine-Kanal demonstriert – trotz Designer-Kühle ein himmlisches Vergnügen.

Spezialitätenrestaurants

Anna Rosa, Reichpietschstr. 51, Leipzig, Tel. 03 41/699 13 91, www.anna-rosa.de.

Allerlei feine Zutaten machen ein originales Leipziger Allerlei zu einer Gaumenfreude

Familiäre italienische Trattoria in der Vorstadt (Mo geschl.).

El Matador, Friedrich-Ebert-Str. 108, Leipzig, Tel. 03 41/980 08 76, www.el-matador-leipzig.de. Rustikales spanisches Abendlokal im Waldstraßenviertel (So geschl.).

La Mirabelle, Gohliser Str. 11, Leipzig, Tel. 03 41/590 29 81. Im unscheinbaren Souterrain überrascht das helle freundliche Lokal mit exzellentem Service und hervorragender französischer Küche.

Piagor, Münzgasse 3, Leipzig, Tel. 03 41/149 47 78, www.piagor.de. Restaurant im Bistrostil mit täglich wechselnder Mittagskarte.

Spiesser Sataybar, Karl-Liebknecht-Str. 112, Leipzig, Tel. 03 41/303 41 71, www.satay bar.de. Indonesische Satay, mariniert und aufgespießt sowie gegrillt.

Mr. Moto Sushibar, Große Fleischergasse 21, Leipzig, Tel. 03 41/212 78 98, www.mrmoto.de. Hier schwimmen die Sushi auf kleinen Tellerchen zu den Gästen.

Szene-Lokale

Barcelona, Gottschedstr. 12, Leipzig, Tel. 03 41/212 61 28. Kleinste Bar der Straße mit Tapas, Oliven und kleinem, begrüntem Innenhof zum Draußensitzen.

Pilot, Centraltheater, Bosestr. 1, Leipzig, Tel. 03 41/215 37 75. Bis 22 Uhr lässt sich hier das großzügige Flair des Museums genießen.

TOP TIPP **GfZK-Café**, Karl-Tauchnitz-Str. 9, Leipzig, Tel. 03 41/126 81 17, www.gfzk.de. Café der Galerie für Zeitgenössische Kunst mit dem Konzept der wechselnden Gestaltung durch Künstler und damit verbundendem Namenswechsel (Mo–Sa 11–24, So 11–19 Uhr).

Schiller, Schillerstr. 3, Leipzig, Tel. 03 41/225 28 28, www.schiller-cafe.de. Mit einem variationsreichen Frühstück, wechselnden Mittags- und Tagesgerichten bis in den späten Abend ein ideales Lokal, um nach dem Einkauf einzukehren.

Sol y mar, Gottschedstr. 4, Leipzig, Tel. 03 41/961 57 21, www.solymar-leipzig.de. Extravagante Bar zum Liegen und Sitzen auf handgefertigten Möbeln, über 20 Wassersorten und Massagen für den Urlaub zwischendurch.

Volkshaus, Karl-Liebknecht-Str. 30, Leipzig, Tel. 03 41/212 72 22, www.volkshaus-leipzig.de. Großzügiges Lokal mit Freisitz im Innenhof. Viel junges Publikum, exzellentes Sonntagsfrühstück.

Cafés und Konditoreien

Café Luise, Bosestr. 4, Leipzig, Tel. 03 41/961 14 88, www.luise-leipzig.de. Treff vom Frühstück über täglich wechselndes Quicklunch bis zum Abend (tgl. ab 9 bis mindestens 1 Uhr, meist länger).

Corsoela, Brüderstr. 6, Leipzig, Tel. 03 41/960 31 11, www.corsoela.de. Viele halten die hiesigen Dresdner Stollen, Leipziger Lerchen und Baumkuchen für die besten der Stadt (Mo–Fr 8–18, Sa 10–17 Uhr).

TOP TIPP **Grundmann**, August-Bebel-Str. 2, Leipzig,Tel. 03 41/222 89 62, www.cafe-grundmann.de. Ein Muss – der wunderbaren Art decó-Ausstattung und der ausgezeichneten Speisen wegen.

Kandler, Thomaskirchhof 11, Leipzig, Tel. 03 41/213 21 81, www.cafekandler.de. Die Schöpfer der Bachtaler beherrschen die ganze Bandbreite der kalorienschweren Backvariationen. Im Café wird auch Herzhaftes serviert (tgl. 10–20 Uhr).

TOP TIPP **Riquet**, Schuhmachergässchen 1, Leipzig, Tel. 03 41/961 00 00, www.kaffeehaus-riquet.de. So klassisch wienerisch, wie ein Wiener Café in Leipzig nur sein kann – und das unter asiatischen Elefantenköpfen an der Fassade.

TOP TIPP **Zum Arabischen Coffe Baum**, Kleine Fleischergasse 4, Leipzig, Tel. 03 41/961 00 60, www.coffebaum.de. Eines der ältesten Kaffeehäuser Europas bietet köstliche Kaffeespezialitäten auf drei Etagen sowie im Straßencafé.

Freisitze und Biergärten

Bayerischer Bahnhof, Bayrischer Platz 1, Leipzig, Tel. 03 41/124 57 60, www.bayerischer-bahnhof.de. Weitläufig, laut, fröhlich – eben bayrisch! Aber das hausgebraute Bier ist sächsisch: echte Gose!

Gosenschenke Ohne Bedenken, Menckestr. 5, Leipzig, Tel. 03 41/566 23 60, www.gosenschenke.de. Traditionslokal mit einem der besten Leipziger Biergärten im Hinterhof unter alten Bäumen.

Schrebers, Aachener Str. 7, Leipzig, Tel. 03 41/961 13 24, www.schrebers.com. Freisitz und bodenständiges Restaurant am Kleingärtnermuseum. Für die Kinder gibt es eine große Spielwiese [Nr. 36].

Feiertage

1. Januar (Neujahr), Karfreitag, Ostermontag, 1. Mai (Tag der Arbeit), Christi Himmelfahrt, Pfingstmontag, 3. Oktober (Tag der Deutschen Einheit), 31. Oktober (Reformationstag), Buß- und Bettag, 25./26. Dezember (1. und 2. Weihnachtsfeiertag).

Festivals und Events

Da Termine für Feste und Events häufig Änderungen unterworfen sind, sollte man rechtzeitig aktuelle Informationen einholen.

März

Honky Tonk: Großes Kneipen-Musikfestival in der ganzen Stadt mit Busservice (www.honky-tonk.de).

Leipzig liest: Zur Buchmesse findet vier Tage lang an diversen Orten ein Lesefest statt (www.leipzig-liest.de).

April/Mai

a capella: Einwöchiges Vokalmusikfestival mit großem Abschlusskonzert im Gewandhaus (www.a-capella-festival.de).

Frühjahrskleinmesse: Dreiwöchiger Jahrmarkt am Cottaweg mit allerlei Attraktionen von Achterbahn bis Würstelbude (www.leipziger-kleinmesse.net).

Nachtschicht: In der Museumsnacht öffnen alle Museen und Ausstellungshäuser der Stadt (Kulturamt Leipzig, Tel. 03 41/123 42 33, www.nachtschicht-leipzig.de).

Mai

Kammermusikfestival Leipziger Geschichte(n): Ein Wochenende mit moderierten Kammerkonzerten an historischen Spielorten in und um Leipzig (www.leipziger-musik-geschichten.de).

Mai/Juni

Wave-Gotik-Treffen: Pfingsttreffen von rund 20 000 Anhängern des ›schwarzen Kults‹ (www.wave-gotik-treffen.de).

Juni

Bachfest: An den Wirkungsstätten des großen Thomaskantors geben berühmte Orchester und Solisten zehn Tage lang Konzerte (www.bach-leipzig.de).

Alte-Musik-Fest: Ein Wochenende veranstaltet von der Hochschule für Musik und Theater Leipzig (www.hmt-leipzig.de).

Schalom: Eine Woche Konzerte, Lesungen, Ausstellungen, Filme und Andachten zu jüdischer Kultur und Geschichte (in ungeraden Jahren: 2013, 2015, www.ariowitschhaus.de).

Stadtfest: Für ein Wochenende füllt sich die City mit Musikbühnen und Essständen (www.leipzigerstadtfest.de).

Juli

Badewannenrennen: Auf dem Teich vor dem Völkerschlachtdenkmal schlagen bei *Régates des Baquet* Kapitäne und Teams von selbst gebauten Fantasiekähnen eine feucht-fröhliche Schlacht (www.nato-leipzig.de/badewannenrennen).

Balloon Fiesta Leipzig: Eines der größten Ballonfahrertreffen Europas in Lößnig am Silbersee im Südosten von Leipzig. Mit Schauflügen und abendlichem ›Ballonglühen‹ (www.balloonfiesta.de).

Sommertheater: Freilufttheater der Hochschule für Musik und Theater (www.sommertheaterleipzig.de).

Juli/August

Montagskonzerte: Klassische Musik am Bachdenkmal vor der Thomaskirche (Mo 19 Uhr, www.bachkonzerte.de).

Leipziger Orgelsommer: Orgelkonzerte in Thomas- und Nikolaikirche (Sa 17 Uhr).

MDR-Musiksommer: Leipzig gehört zu den Spielorten des Drei-Länder-Festivals, bei dem in Sachsen, Sachsen-Anhalt und Thüringen hochkarätige Musik vom Mittelalter bis zur Moderne aufgeführt wird (www.mdr.de/musiksommer).

Die großartigen Konzerte im Gewandhaus sind ein Höhepunkt jeder Leipzig-Reise

August

Classic Open: Unter freiem Himmel auf dem Augustusplatz werden Opern- und Operettensänger, Popstars und Orchester per Videoeinspielung gezeigt (www.classic-open-leipzig.de).

Wasserfest: Drei Tage lang ist auf und an Kanälen, Flüsschen, Seen und Teichen allerlei geboten – nicht nur für Wasserratten (www.wasserfest-leipzig.de).

August/September

Herbstkleinmesse: Drei Wochen lang großer Jahrmarkt am Cottaweg (www.leipziger-kleinmesse.net).

September

Mendelssohn-Festtage: Musikfestival zu Ehren des einstigen Gewandhauskapellmeisters mit Konzerten u. a. im Gewandhaus, im Bach-Archiv und in der Thomaskirche (www.gewandhaus.de).

Schumann-Festwoche: Konzerte und Veranstaltungen im Schumann-Haus zu Ehren von Robert und Clara Schumann. (www.schumann-verein.de).

Eröffnungskonzert der Gewandhaussaison: Gratiskonzert auf dem Marktplatz.

September/Oktober

Jazztage: Internationale Künstler treten an vier Tagen in Konzertsälen und Kneipen auf (www.leipziger-jazztage.de).

Markttage: Zehntägiges Markttreiben im Zentrum (www.leipzig.de/markttage).

Oktober

Lachmesse: Größtes internationales Kabarett- und Kleinkunstfestival Deutschlands: zehn Tage Humor und Satire auf allen Bühnen (www.lachmesse.de).

Grassimesse: Verkaufsausstellung für zeitgenössisches Kunsthandwerk und Design im Grassimuseum (www.grassimesse.de).

Dok-Film-Festival: Eine Woche lang internationale Dokumentar- und Animationsfilme (www.dokfestival-leipzig.de).

Oktober/November

Winterkleinmesse: Seit 1992 eine Ergänzung zu den traditionellen Kleinmessen (www.leipziger-kleinmesse.net).

November

euro-scene: Eine Woche lang verwandelt sich die Stadt in eine Bühne für zeitgenössisches experimentelles Theater und modernen Tanz (www.euro-scene.de).

Dezember

Weihnachtsoratorien: Nur drei Tage singt der Thomanerchor, begleitet vom Gewandhausorchester Bachs Weihnachtsoratorium in der Thomaskirche. Wer es hören will, muss lange im Voraus Karten reservieren (www.thomaskirche.org).

Weihnachtsmarkt: Heimelig dekorierte Buden in der Innenstadt, dazu der Duft nach gebrannten Mandeln und Glühwein (www.leipzig.de/weihnachtsmarkt).

Klima und Reisezeit

Leipzig liegt in der wasserreichen, nach Norden und Osten hin offenen Leipziger Tieflandbucht. Das kontinentale Klima der Region bedingt geringe Niederschläge (ca. 600 mm/Jahr), relativ trockene warme Sommer und oft empfindlich und kalte Winter.

Leipzig ist zu jeder Jahreszeit eine Reise wert, doch ist es im Frühjahr, Sommer und Herbst besonders schön, wenn man Natur, Kultur und Gastronomie auch unbeschwert im Freien genießen kann.

Klimadaten Leipzig

Monat	Luft (°C) min./max.	Sonnen-std./Tag	Regen-tage
Januar	-3/ 2	2	10
Februar	-2/ 4	3	8
März	1/ 8	4	9
April	4/14	6	9
Mai	8/19	7	9
Juni	12/22	9	10
Juli	13/25	7	10
August	13/24	6	10
September	10/19	6	8
Oktober	6/13	4	8
November	1/ 7	2	8
Dezember	-1/ 3	1	9

Kultur live

Gewandhaus und Thomanerchor sind fast Synonyme für Leipzig, aber die Stadt profiliert sich auch über ihre junge Theater- und Kunstszene. Neben regelmäßigen Gewandhauskonzerten, Opern-, Operetten- und Theateraufführungen, Orgelkonzerten und Kantaten finden das ganze Jahr über zahllose Einzelveranstaltungen und Festivals statt.

Kabarett

Zu DDR-Zeiten war Leipzig die Heimstatt des Kabaretts und diese Vorliebe blieb. Sechs Ensembles spielen in eigenen Spielstätten, dazu kommen Gastauftritte.

academixer, Kupfergasse 2, Leipzig, Tel. 03 41/21 78 78 78, www.academixer.de. Tickets Mo–Sa 13–20.15 Uhr

Leipziger Central Kabarett, Markt 9, Leipzig, Tel. 03 41/52 90 30 52, www.centralkabarett.de

Leipziger Brettl, Gasthaus Gabrinus, Odermannstr. 12, Leipzig, Tel. 03 41/961 35 47, www.leipzigerbrettl.de

Leipziger Funzel, Strohsackpassage, Nikolaistr. 6–10, Leipzig, Tel. 03 41/960 32 32, www.leipziger-funzel.de

Pfeffermühle, Gottschedstr. 1, Leipzig, Tel. 03 41/960 31 96, www.kabarett-leipziger-pfeffermuehle.de

Sanftwut, Mädlerpassage, Grimmaische Str. 2–4, Leipzig, Tel. 03 41/961 23 46, www.kabarett-theater-sanftwut.de

Klassik

Gewandhaus, Augustusplatz 8, Leipzig, Tel. 03 41/127 02 80, www.gewandhaus.de. Spitzenkonzerte.

Mendelssohn-Haus, Goldschmidtstr. 12, Leipzig, Tel. 03 41/127 02 94, www.mendelssohn-stiftung.de. Konzerte im Musiksalon, So 11 Uhr.

Thomaskirche, Thomaskirchhof, Leipzig, Tel. 03 41/22 22 42 00, www.thomaskirche.org. Der Thomanerchor singt Motetten und Kantaten (Fr 18, Sa 15 Uhr, außer Karsamstag und Schulferien).

Kino

CineStar, Petersstr. 44, Leipzig, Tel. 03 41/336 63 00, www.cinestar.de. Multiplexkino in der Innenstadt.

Luru Kino in der Spinnerei, Spinnereistr. 7, Leipzig, Tel. 03 41/879 91 65, www.luru-kino.de. Das Gegenteil von Multiplex: Arthouse-Kino in kleinem Saal.

Passage Kinos, Hainstr. 19 a, Leipzig, Tel. 03 41/217 38 65, www.passage-kinos.de. Anspruchsvolles Kino mit vier Sälen.

Schaubühne Lindenfels, Karl-Heine-Str. 50, Leipzig, Tel. 03 41/48 46 20, www.schaubuehne.com. Alternatives Programmkino, zwar etwas altmodisch, aber mit Stil.

Oper und Operette

Musikalische Komödie, Haus Dreilinden, Dreilindenstr. 30, Leipzig, Tel. 03 41/126 12 61, 126 11 15. Operetten und Musicals auf der Zweitbühne der Oper.

Oper, Augustusplatz 12, Leipzig, Tel. 03 41/126 12 61, www.oper-leipzig.de

Theater

Centraltheater, Bosestr. 1, Leipzig, Tel. 03 41/126 81 68, www.schauspiel-leipzig.de. Klassik und Moderne im Großen Haus. Experimentelle Bühne im Skala in der Gottschedstraße (s. u.).

Fact, Hainstr. 1, Leipzig, Tel. 03 41/961 40 80, www.theater-fact.de. Intimes Kellertheater in Barthels Hof.

Puppentheater Sterntaler, Talstr. 30, Leipzig, Tel. 03 41/961 54 35, www.

Bares Vergnügen im Barfußgässchen – gemütliche Abendgesellschaft vor Zill's Tunnel

puppentheater-sterntaler.de. Märchenhafte Puppenspiele auf großer und kleiner Bühne.

Skala, Gottschedstr. 16, Leipzig, Tel. 03 41/126 81 68, www.schauspiel-leipzig.de. Avantgardistische zweite Bühne des Schauspielhauses.

Theater der Jungen Welt, Lindenauer Markt, Leipzig, Tel. 03 41/486 60 16, www.tdjw.de. Ältestes deutsches Kinder- und Jugendtheater.

Zentraler Ticketverkauf

Musikalienhandlung Oelsner, Schillerstr. 5, Leipzig, Tel. 03 41/9 60 56 56, Mo, Mi, Fr 9–18.30, Do 9-19, Sa 9–13 Uhr

Ticket-Galerie, Hainstr. 1, Leipzig, Tel. 03 41/14 14 14, Mo–Fr 9–20, Sa 10–18 Uhr

Ticket Service, Leipzig Tourist-Information im Katharinum, Katharinenstr. 8, Leipzig, Tel. 03 41/710 42 60, Mo–Fr 10–18, Sa 10–16 Uhr

Nachtleben

Leipzig verfügt heute über mehrere Kneipenmeilen. Das Viertel mit den meisten Bars und Kneipen im Zentrum um Barfußgässchen und Große Fleischergasse wurde **Drallewatsch** getauft. In der **Gottschedstraße** findet man neben Tagescafés und Kneipen auch elegante Bars und Nachtklubs. Ähnlich, wenn auch etwas ruhiger, geht es in der **Münzgasse** zu. In der **Südvorstadt**, um Karl-Liebknecht-, Arndt- und Kästnerstraße, wird es preiswerter, alternativer und gemütlicher. Und überall gilt: In Leipzig gibt es keine Sperrstunde.

Bars

Barcelona, Gottschedstr. 12, Leipzig, Tel. 03 41/212 61 28. Ein Stückchen Spanien an Leipzigs längster Theke.

Basa Mo, Nürnberger Str. 11, Leipzig, Tel. 03 41/960 76 54, www.basamo.de. Afrikanische Kultkneipe.

Kowalski, Ferdinand-Rhode-Str. 12, Leipzig, Tel. 03 41/212 60 20, www.das-kowalski.de. Café-Bar in der Südvorstadt.

Madrigal, Käthe-Kollwitz-Str. 10, Leipzig, Tel. 03 41/224 85 46, www.madrigal.eu. Kleine, feine Cocktailbar.

naTo, Karl-Liebknecht-Str. 46, Leipzig, Tel. 03 41/ 301 43 97, www.nato-leipzig.de. Studentenkneipe mit kulturellem Anspruch und Veranstaltungsprogramm.

Vodkaria, Gottschedstr. 15, Leipzig, Tel. 03 41/442 88 68, www.vodkaria.de. Rund 200 Wodkasorten zum Probieren.

Diskotheken

Ilses Erika, Bernhard-Göhring-Str. 152, Leipzig, Tel. 03 41/306 51 11, www.ilseserika.de. Pop, Punk, Poetry Slam – DJs und oft auch Livemusik von Leipziger Bands.

Twenty One, Gottschedstr. 2, Leipzig, Tel. 03 41/230 76 95, www.twentyone.leipzig.de. Zwei Dancefloors hinter einer strengen Tür (Mi, Fr, Sa ab 22 Uhr).

Livemusik

Moritzbastei, Universitätsstr. 9, Leipzig, Tel. 03 41/70 25 90, www.moritzbastei.de.

Studentencafé, Samstagsdisco und häufig Konzerte.

Spizz, Markt 9, Leipzig, Tel. 03 41/ 960 80 43, www.spizz.org. Kneipe, Esslokal und Jazzkeller – das Spizz gehört zum Leipziger Inventar.

Tonelli's, Riemannstr. 50, Leipzig, Tel. 01 63/293 30 01, www.tonellis.de. Di Guitar Night, Mi Jazz, Do Blues.

Varieté

Krystallpalast Varieté, Magazingasse 4, Leipzig, Tel. 03 41/14 06 60, www.krystallpalast.de. In der Tradition des alten Krystallpalastes von 1882 wird hier im ›Theater der Sinne‹ Vergnügliches, Zauberhaftes und Artistisches gezeigt.

Sport

In und um Leipzig kann man sich ausgezeichnet sportlich betätigen, nicht erst, seit die DDR hier ihre Leistungssportler-Ausbildung konzentrierte.

Bäder und Wassersport

Zahlreiche **Frei- und Hallenbäder** (www.sportbaeder-leipzig.de) bieten Sport- und Freizeitmöglichkeiten. In Leipzigs Süden und Osten bieten die Gewässer des **Neuseenlandes** (www.leipzigerneuseenland.de) sommerliche Erfrischung. Nicht zu vergessen das weit verzweigte Netz von **Wasserstraßen** und **Kanälen**, wie die Elster zwischen Südvorstadt und Schleußig oder der Karl-Heine-Kanal, die zu Stadterkundungen und Ausflügen auf dem Wasser einladen.

Bootsverleih

Bootsverleih Leipziger Eck, Schleußiger Weg 2 a, zwischen Pleiße und Elsterflutbett, Leipzig, Tel. 01 63/264 20 03, www.bootsverleih-leipzig.de. Mo–Fr 14–20, Sa/So/Fei 10–20, April, Okt. 10–18 Uhr. Paddel-, Solarboote, zudem Fahrradverleih.

Herold, Antonienstr. 2, Leipzig, Tel. 03 41/ 401 10 59, www.bootsverleih-herold.de, Mo–Fr 10–19 Uhr. Motorboote sowie Kanadier, Kajaks und Ruderboote.

SC DHfK Leipzig Abteilung Kanu, Bootshaus Klingerweg 2, Clara-Zetkin-Park, Leipzig, Tel. 03 41/480 65 45., www.bootstour-leipzig.de. Kajaks, Canadier, Ruderboote oder Mannschaftscanadier (C 10), Steuermann wird gestellt.

Tauchen

Der fischreiche **Kulkwitzer See** ist auch bei Tauchern beliebt.

Delphin, Angerstr. 53–55, Alt-Lindenau, Leipzig, Tel. 03 41/480 38 26, www.tauchsport-leipzig.de. Tauchschule.

Wasserski

Wakeboard- und Wasserskilift, Seestr. 7, Leipzig, Tel. 03 41/225 69 25, www.wasserski-leipzig.de. Wakeboarden und Wasserski fahren am Kulkwitzer See.

Golf

1. Golfclub Leipzig, Am Sportforum 3, Leipzig, Tel. 03 41/711 64 12, www.golfclub-leipzig.de. 18-Loch-Platz in der Noitzscher Heide rund 26 km nördlich von Leipzig.

Golfclub Leipzig Schlosspark Machern, Pehritzscher Weg, Machern, Tel. 03 42 92/680 32, www.golfclub-machern.de. 18-Loch-Platz auf 80 ha im landschaftlich hübschen Muldetal.

Golfpark Leipzig-Seehausen, Bergweg 10, Leipzig, Tel. 03 41/521 74 42, www.golfpark-seehausen.de. 18-Loch-Anlage und 6-Loch-Kurzplatz in unmittelbarer Nähe der Neuen Messe.

Laufen

Jogger finden schöne Strecken im Rosental, Auenwald, am Elster-Flutbecken, im Johannapark und im Clara-Zetkin-Park. Passionierte Läufer starten gern beim:

Leipzig Marathon, Stadtsportbund Leipzig, Goyastr. 2 d, Leipzig, Tel. 03 41/ 308 94 60, www.leipzigmarathon.de. Großer Stadtlauf im April. Zur Auswahl stehen Marathon, Halbmarathon, 10-km-Lauf und Inlineskatekurs.

Stadtbesichtigung

Aussichtspunkte

City-Hochhaus, Augustusplatz, Leipzig, tgl. 10–2 Uhr. Zu jeder Tageszeit Blick auf Leipzig aus der Vogelperspektive vom höchsten (142 m) Aussichtspunkt der Stadt.

Rosentalturm, auf dem Scherbelberg, Aussicht ins frische Parkgrün.

Thomaskirchturm, Thomaskirchhof, Leipzig, Turmführungen April–Nov. Sa 13, 14, 16.30, So 14, 15 Uhr. 67 m hoher Ausguck des Türmers.

Turm des Neuen Rathauses, Burgplatz, Leipzig, Tel. 03 41/123 22 41, Mo–Fr 11 und 14 Uhr. Wie ein 114,5 m hoher Bergfried.

Völkerschlachtdenkmal, Prager Str./ An der Tabaksmühle, Leipzig, April–Okt. Mo–So 10–18, Nov.–März Mo–So 10–16 Uhr. Rundblick von der 91 m hoch gelegenen Plattform des Monumentalbaus.

Boot

Herold, Antonienstr. 2, Leipzig, Tel. 03 41/ 480 11 24, www.bootshop-herold.de/ motorbootfahrten. 70-minütige Motorbootfahrt auf der ›Neptun‹ oder der ›Columbus‹ durch eine erstaunliche Industrieregion.

MS Weltfrieden, Pfaffendorfer Str. 46, Leipzig, Tel. 03 41/590 16 47, www.ms-weltfrieden.de. April–Okt. Sa/So/Fei 80 min. Rundfahrt auf dem Karl-Heine-Kanal; Anlegestellen: Plagwitz (Zugang Industriestraße) und Lindenau am Kanal 28 (Gaststätte Lützener Str.).

Bus

Treffpunkt Leipzig, Augustusplatz vor der Oper, Leipzig, Tel. 03 41/149 78 79, www.treffpunktleipzig.com. Stadtrundfahrt oder Mondscheintour in Oldtimer-Reisebus mit City-Hochhaus-Besuch.

Flugzeug und Helikopter

HSG Helikopter-Service-GmbH, Pappelweg 1, Leipzig, Tel. 03 41/2 24 22 20, www.hsg-heli.de. 15–30-minütige Rundflüge.

Per Pedes

Eat the World, Tel. 0341/99856730, www.eat-the-world.com. Kulinarische Rundgänge durch Leipzigs Gastro-Szene.

Leipzig Tourismus und Marketing GmbH, Katharinenstr. 8, Leipzig, Tel. 03 41/71 04-260, www.leipzig.de. Thematische Führungen, z. B. Historischer Stadtspaziergang oder Lotter-Rundgang.

Leipzig Details, Bernhard-Göring-Str. 152, Leipzig, Tel. 03 41/303 91 12, www.leipzigdetails.de. Rundgänge durch Leipziger Stadtteile, Führungen in Museen, im Bundesverwaltungsgericht etc.

Straßenbahn

Hier kann das Straßenbahnfahren zum schönen Sightseeingtrip werden: Rundfahrt mit dem ›Offenen Leipziger‹ oder dem ›Gläsernern Leipziger‹, Abfahrt Westseite Hbf, u. a. durch Gohlis, Rosental und Waldstraßenviertel, durch Plagwitz in den Leipziger Süden, vorbei am MDR und dem Völkerschlachtdenkmal (2 Std.). Sa 11 und 14 Uhr, Mai–Sept. auch So 11 Uhr. Eigene Tour-Tickets erforderlich (LVB-Servicetelefon 03 41/194 49).

Statistik

Einwohnerzahl: 531 000. Seit Beginn des 21. Jh. wächst Leipzigs Einwohnerzahl wieder, inzwischen ist es noch vor Dresden die bevölkerungsreichste Stadt Sachsens.

Bedeutung: Leipzig, die größte Stadt Sachsens, liegt verkehrsgünstig an den wichtigen Nord-Süd- und Ost-West-Verbindungen in Mitteldeutschland.

Lage: 51' 20" nördlicher Breite und 12' 23" östlicher Länge, 113 m über NN.

Fläche: 297,6 km². Max. 22 km Nord-Süd- und 21 km Ost-West-Ausdehnung.

Religion: Rund 12 % der Einwohner sind evangelisch-lutherisch, gut 4 % römisch-katholisch, sonst meist konfessionslos.

Wirtschaft: Von den über 40 000 Leipziger Betrieben beschäftigt sich je ein Viertel mit Handel und Unternehmensdienstleistungen, nicht ganz 1000 sind im verarbeitenden Gewerbe, darunter die Autohersteller Porsche und BMW. Am Flughafen Halle-Leipzig betreibt die Deutsche Post-Tochter DHL ihr internationales Luftfracht-Drehkreuz. Die Arbeitslosigkeit liegt bei 12,5 % (2012).

Stadtverwaltung: Stadtoberhaupt ist der Oberbürgermeister, der auf sieben Jahre gewählt wird. Aus dem 70-köpfigen Stadtrat stehen ihm acht Beigeordnete zur Seite. Es gibt zehn Stadtbezirke mit insgesamt 63 Ortsteilen.

Stadtwappen: Senkrecht zweigeteilt, auf gelbem Grund links ein Löwe, rechts zwei senkrechte blaue Streifen.

Partnerstädte: Birmingham (GB), Bologna, Brno, Frankfurt/Main, Hannover, Houston, Kiew, Krakow, Lyon, Nanjing, Thessaloniki und Travnik.

Unterkunft

Camping

Eine Auswahl geprüfter Campingplätze bietet der jährlich erscheinende **ADAC Campingführer** sowie der ADAC Stell-

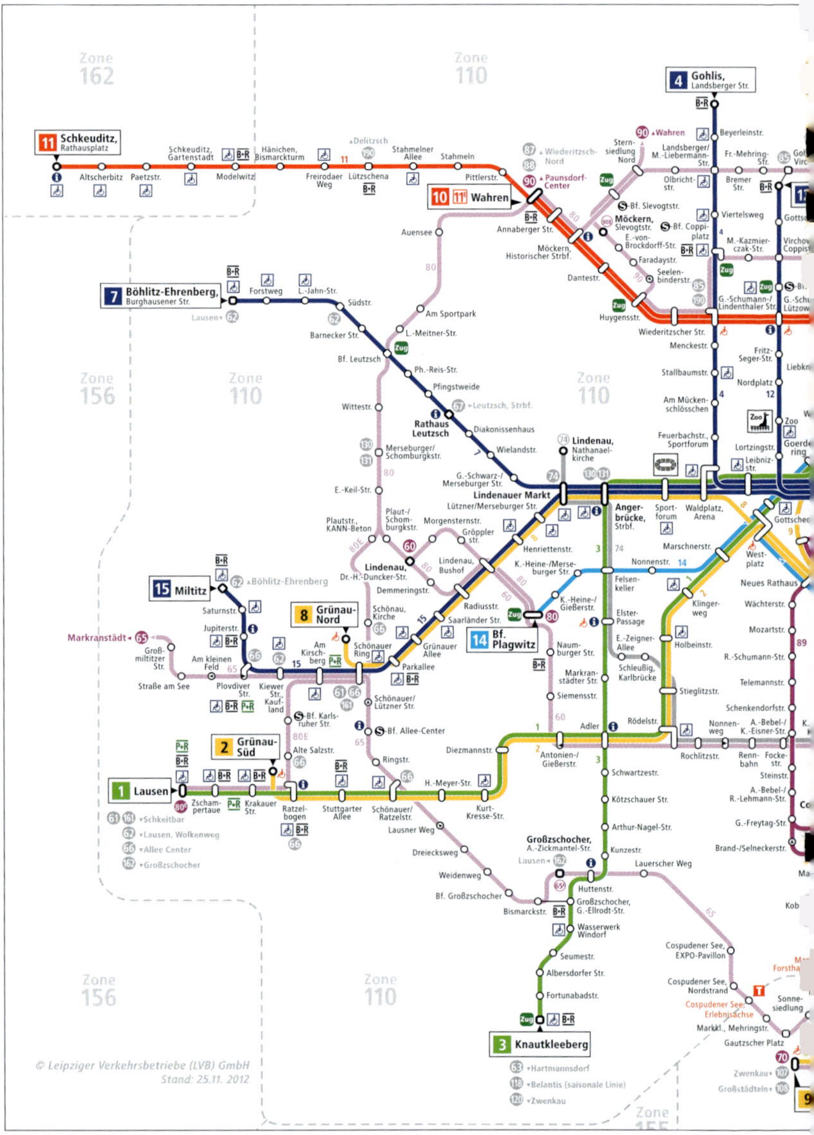

platzführer (adac.de/campingfuehrer). Die Inhalte gibt es auch als App für iPhone, iPad und Android-Geräte in den Appstores von Apple und Google.

Camping und Motel Auensee, Gustav-Esche-Str. 5, Leipzig, Tel. 03 41/465 16 00, www.camping-auensee.de. Großzügiger gepflegter Platz im Westen von Leipzig, 5 km zum Stadtzentrum.

Camping am Kulkwitzer See, Seestr. 1, Leipzig, Tel. 03 41/71 07 70, www.leipzig seen.de. Ferienresort am See bei Grünau.

Hostels

A&O Hostels, Brandenburger Str. 2, Leipzig, Tel. 030/809 47 49 00, www.aohostels.com. Frische Zimmer und freies W-LAN am Hauptbahnhof.

Central Globetrotter Hostel, Kurt-Schumacher-Str. 41 (Nähe Hbf), Leipzig, Tel. 03 41/ 149 89 60, www.globetrotter-leipzig.de. 2- bis 8-Bett-Zimmer, Toiletten und Duschen auf dem Gang. Küche.

Hostel Sleepy Lion, Käthe-Kollwitz-Str. 3, Leipzig, Tel. 03 41/993 94 80, www.hostel-

leipzig.de. 1- bis 8-Bett-Zimmer mit jeweils eigenem Nassbereich. Radverleih im Haus, Waschsalon nebenan.

Jugendherberge Leipzig, Volksgartenstr. 24, Leipzig, Tel. 03 41/245 70 0, www.djh-sachsen.de. Großer renovierter Plattenbau am nordöstlichen Stadtrand. Seminar-, Club- und Sporträume im Haus.

Hotels

******Accento**, Tauchaer Str. 260, Leipzig, Tel. 03 41/926 20, www.precisehotels.com. Farbenfrohes Designer-Hotel mit Solarium, Fitnesscenter und Tagungsräumen unweit der Neuen Messe.

TOP TIPP ******Kloster Nimbschen**, Nimbschener Landstr. 1, Grimma, Tel. 034 37/99 50, www.kloster-nimbschen.de. Dreiseithof an der Mulde südlich von Grimma mit viel Grün und gemütlichen Gasträumen.

TOP TIPP ******Leipziger Hof**, Hedwigstr. 1–3, Leipzig, Tel. 03 41/697 40, www.leipziger-hof.de. Unter dem Motto

›Hier schlafen Sie mit einem Original‹ macht das Hotel im innenstadtnahen Gründerzeitviertel auf sein Engagement als Galerie aufmerksam.

****Lindner, Hans-Driesch-Str. 27, Leipzig, Tel. 03 41/447 80, www.lindner. de. Modernes Hotel in einem Villenviertel. Shuttle in die Innenstadt.

****Markgraf, Körnerstr. 36, Leipzig, Tel. 03 41/30 30 30, www.markgraf-leipzig.de. Feines, professionell geführtes Haus in ruhiger Lage in der Südvorstadt.

TOP TIPP ****Michaelis, Paul-Gruner-Str. 44, Leipzig, Tel. 03 41/267 80, www. michaelis-leipzig .de. Gediegene Eleganz. Südlich der Innenstadt. Hervorragender Service und exzellente Küche.

****Park Hotel, Richard-Wagner-Str. 7, Leipzig, Tel. 03 41/985 20, www.parkhotel leipzig.de. Nobel restaurierter Altbau mit schönen Art-Deco-Zimmern, zentral gegenüber dem Hbf.

****Pentahotel Leipzig, Großer Brockhaus 3, Leipzig, Tel. 03 41/129 20, www. pentaho tels.com/de/leipzig. Modernes Haus in citynaher ruhiger Lage.

****Victor's Residenz, Georgiring 13, Leipzig, Tel. 03 41/686 60, www. victors.de. Zentral in Bahnhofsnähe gelegenes, luxuriöses Stadthotel mit zuvorkommendem Service.

***Adagio, Seeburger Str. 96, Leipzig, Tel. 03 41/21 66 90, www.hotel-adagio.de. Angenehmes Stadthotel in einer alten Villa mit Garten.

***Berlin, Riebeckstr. 30, Leipzig, Tel. 03 41/267 30 00, www.hotel-berlin-leipzig. de. Einfach und ordentlich, in sehr ruhiger Lage im Südosten.

***Grand City Hotel Leipzig Zentrum, Gerichtsweg 12, Leipzig, Tel. 03 41/127 80, www.grandcity-hotel-leipzig-zentrum. de. So können Plattenbauten auch sein – großzügige Zimmer und Apartments in der Nähe der Oper, Parkplatz vor der Tür, gutes Frühstück und guter Service.

***Hotel de Saxe, Gohliser Str. 25, Leipzig, Tel. 03 41/593 80, www.hotel-de-saxe. de. Kleines familiäres Hotel in einem hübsch modernisierten Altbau zwischen City und Neuer Messe.

***Vivaldi, Wittenberger Str. 87, Leipzig, Tel. 03 41/903 60, www.hotel-vivaldi.de. Angenehmes modernes Vorstadthotel in Eutritzsch, an der Tramlinie zur Neuen Messe (10 Min.).

Verkehrsmittel

Das öffentliche Verkehrsnetz ist gut ausgebaut und unbedingt als Alternative zum eigenen Auto zu empfehlen.

Öffentliche Verkehrsmittel

Leipziger Verkehr Betriebe (LVB), Karl-Liebknecht-Str. 12, Leipzig, Tel. 03 41/194 49, www.lvb.de

Die LVB verfügt über Straßenbahnen (Tram) und Busse. Fahrscheine sind an Automaten an den meisten Haltestellen und in vielen Zeitungskiosken erhältlich. Einzelfahrscheine gibt es auch beim Fahrer. Kurzstreckenfahrscheine berechtigen zur Fahrt bis max. vier Haltstellen, normale Tickets gelten für bis zu 1 Stunde Fahrzeit. Vierer-Fahrscheine sind etwas preisgünstiger.

Die Fahrscheine müssen in den Bahnen und Bussen entwertet werden. Das LVB-Netz ist in den MDV integriert, d.h. man kann innerhalb seines Geltungsbereiches mit einem Ticket fahren.

Mitteldeutscher Verkehrsverbund (MDV), Prager Str. 8, Leipzig, Tel. 018 03/22 33 99, www.mdv.de

Fahrradverleih

Little John Bikes, Martin-Luther-Ring 3–5, Tel. 03 41/462 59 19, www.littlejohn bikes.de. Auch Elektro-Fahrräder.

Mietwagen

Die **ADAC Autovermietung** GmbH bietet ADAC Mitgliedern über ihre Partnerunternehmen Mietwagen zu günstigen Konditionen. Buchungen sind in jeder ADAC Geschäftsstelle oder unter Tel. 089/76 76 20 99 möglich.

AVIS, Flughafen, Tel. 03 41/224 18 04, Hbf. Reisezentrum, Tel. 03 41/961 14 00

Europcar, Flughafen, Tel. 03 42 04/77 00, Hbf. Reisezentrum, Tel. 03 41/14 11 60

Hertz, Flughafen, Tel. 03 42 04/143 17, Hbf. Reisezentrum, Tel. 03 41/477 37 12

Sixt, Flughafen und Hbf. Reisezentrum, Tel. 01 80/526 25 25

Taxi

Taxi, Tel. 03 41/48 84

Funktaxi, Tel. 03 41/42 33, Tel. 0800 800 42 33 (kostenfrei)

Löwentaxi, Tel. 03 41/98 22 22

	ADAC Reiseführer	ADAC Reiseführer plus
Ägypten	■	■
Algarve	■	■
Allgäu	■	■
Alpen – Freizeitparadies	■	
Amsterdam	■*	■*
Andalusien	■*	■*
Australien	■	■
Bali & Lombok	■	■
Baltikum	■	■
Barcelona	■*	■*
Bayerischer Wald	■	■
Berlin	■*	■*
Bodensee	■	■
Brandenburg	■	■
Brasilien	■	
Bretagne	■	■
Budapest	■*	■*
Bulgarische Schwarzmeerküste	■	■
Burgund	■	
City Guide Germany	■	
Costa Brava und Costa Daurada	■	
Côte d'Azur	■	■
Dänemark	■	■
Dalmatien	■	■
Deutschland – Die schönsten Autotouren		■
Deutschland – Die schönsten Orte und Regionen	■	■
Deutschland – Die schönsten Städtetouren	■	
Dresden	■*	■*
Dubai, Vereinigte Arab. Emirate, Oman	■	■
Elsass	■*	■*
Emilia Romagna	■*	■*
Florenz	■	■
Florida	■	■
Franz. Atlantikküste	■	■
Fuerteventura	■	■
Gardasee	■	■
Golf von Neapel	■	■
Gran Canaria	■	■
Hamburg	■	■
Harz	■*	■*
Hongkong & Macau	■	
Ibiza & Formentera	■	■
Irland	■	■
Israel	■	■
Istanbul	■	■
Istrien und Kvarner Bucht	■	■
Italien – Die schönsten Orte und Regionen	■	■
Italienische Adria	■	■*
Italienische Riviera	■	■*
Jamaika	■	
Kalifornien	■	■
Kanada – Der Osten	■	■
Kanada – Der Westen	■	■
Karibik	■	■
Kenia	■	■
Korfu & Ionische Inseln	■	■
Kreta	■	■
Kuba	■	■
Kykladen	■	
Lanzarote	■	■
Leipzig	■	■*
Lissabon	■	■*
London	■	■
Madeira	■	■
Mallorca	■	■
Malta	■	■
Marokko	■	■
Mauritius & Rodrigues	■	■
Mecklenburg-Vorpommern	■	■*
München	■	■*
Neuengland	■	■
Neuseeland	■	■
New York	■	■*
Niederlande	■	■
Norwegen	■	■
Oberbayern	■	■
Paris	■	■
Peloponnes	■	
Piemont, Lombardei, Valle d'Aosta	■	■*
Polen	■	■
Portugal	■	■*
Prag	■	■*
Provence	■	■
Rhodos	■	■
Rom	■	■
Rügen, Hiddensee, Stralsund	■	■
Salzburg	■	■*
St. Petersburg	■	■
Sardinien	■	■
Schleswig-Holstein	■	■
Schottland	■	■
Schwarzwald	■	■*
Schweden	■	■
Schweiz	■*	■*
Sizilien	■	■
Spanien	■	■
Südafrika	■	■
Südengland	■	■
Südtirol	■	■*
Sylt	■	■
Teneriffa	■	■
Tessin	■	■
Thailand	■	■
Thüringen	■	■
Toskana	■*	■*
Trentino	■	■
Tunesien	■	■
Türkei – Südküste	■	■
Türkei – Westküste	■	■
Umbrien	■	
Ungarn	■	■
USA – Südstaaten	■	
USA – Südwest	■	■
Usedom	■	■
Venedig	■	■
Wien	■	■*
Zypern	■	■

* mit Reise-Videos oder Audio-Features (abrufbar über QR-Code)

■ **ADAC Reiseführer**
144 bzw. 192 Seiten

■ **ADAC Reiseführer plus**
(mit Extraplan)
144 bzw. 192 Seiten

Mehr erleben, besser reisen ... mit ADAC Reiseführern!

Register

Impressum

Chefredakteur: Dr. Hans-Joachim Völse
Textchefin: Dr. Dagmar Walden
Chef vom Dienst: Bernhard Scheller
Lektorat, Bildredaktion: Elisabeth Schnurrer
Aktualisierung: Sabine Adler
Kartographie: ADAC e.V. Kartographie/KAR, Computerkartographie Carrle
Layout: Martina Baur
Herstellung: Barbara Thoma
Druck, Bindung: Rasch Druckerei und Verlag

Printed in Germany

Ansprechpartner für den Anzeigenverkauf: KV Kommunalverlag GmbH & Co KG, München, Tel. 089/92 80 96 53

ISBN 978-3-86207-129-6

Neu bearbeitete Auflage 2013

Bildnachweis

Titel: Leipzig-Panorama mit dem Turm des Neuen Rathauses. Foto: Look (Roetting/Pollex)

Ägyptisches Museum der Universität Leipzig: 4.1, 58.1 – **AKG**: 12, 13.2, 14.1, 14.2, 15, 34 – **R. Arnold**: 2.2, 29 – **artefaktum-werbetechnik.de**: 109 (Fabian Ritter) – **Asisi-Panometer**: 98.1 (Tom Schulze) – **Bach-Archiv Leipzig**: 33 (N.N.), 35 (Homan Güner Blum) – **Michael Bader**: 5.4, 86 – **Bildagentur.online**: 2.1, 37 (ddp images) – **Bilderberg**: 89 (Ulf Boettcher) – **Gabriel Calvo**: 68, 117, 121 – **Corbis**: 1.1, 50 (Murat Taner) – **ddp Images**: 3.2, 40, 79 (NN), 4.2, 103 (dapd/Sebastian Willnow) – **Deutsche Nationalbibliothek**: 101 (Klaus D. Sonntag) – **dpa picture alliance**: 96, 98.2 (Waltraud Grubitzsch), 9.4, 131 (Peter Endig) – **F1online**: 105 (imagebroker) – **Fotolia**: 52 (Steschum), U4.2 (Harald Lange) – **Ralf Freyer**: 9.3, 11.1, 11.2, 41, 69, 80, 99, 124.2 – **Imago**: 4.4, 65 (Harald Lange) – **Volkmar Janicke**: 10.2, 30, 120 – **Thomas Kliem**: 5.1, 19.1, 24.1, 44, 49.2, 89, 93, 124.4 – **Laif**: 9.1, 97, 112, 115.1 (Jörg Glaescher) – **Look**: 1.3, 133 (Zielske), 113 (Roetting/Pollex) – **LTM**: 28, 78.1 (Andreas Schmidt) – **Mauritius Images**: 16/17 (SuperStock), 42 (Waldkirch), 53 (Pöhlmann), 67 (Nico Stengert), 95 (Josef Beck) – **Museum für Völkerkunde**: 78.2 oben (A. Uhlig) – **Oper Leipzig**: 3.1, 56, 57 – **Panoflex**: 5.3, 84 (Christian Hüller) – **Prisma**: 46 (Nico Stengert/Novarc) – **Punctum**: 3.3, 38 (Alexander Schmidt) – **Robert- und Clara Schumann Verein Leipzig**: 77 (Peter Franke) – **Thomas Riese**: 3.4, 87, 88 – **Stadtgeschichtliches Museum Leipzig**: 22 – **Transit**: 2.3, 55, 72, 76, U4.1 (Christiane Eisler), 2.4, 49.1, 58.2 (Matus), 1.2, 4.3, 7.2, 11.3, 18, 27, 62, 63, 70, 82, 85, 90 (Hirth), 7.1 (Michael Rücker/Dan Wesker), 10.1, 31, 43, 71, 104, 114, 124.1, 124.3, 124.5 (Härtrich), 6, 106, 107 (Schossig), 115.2, 119, 123, (Joachim Rosse), 9.2, 8, 39, 61 (N.N.), 129 (Martin Jennichen) – **Ullstein Bild**: 36 – **Hanna Wagner**: 21, 23, 32, 45, 48, 75, 81, 83, 92, 122, 127 – **Rainer Weisflog**: 5.2, 26, 111, 116 – **Zoo Leipzig**: 66

1 Tag in Leipzig

Leipzigs City, das Herz der alten Messestadt, lädt zum Bummeln und Verweilen ein. Ein erstes Ziel ist für viele die klassizistische **Nikolaikirche**, in der die ›friedliche Revolution‹ der DDR bei den Montagsgebeten ihren Anfang

nahm. Attraktive Messehäuser und Geschäftspassagen sind z. B. in **Specks Hof** oder die **Mädlerpassage** mit ihrem Lokal ›Auerbachs Keller‹, in dem schon Goethe feierte. Am **Augustusplatz** kann man **Oper** und **Gewandhaus** bewundern und dann aussichtsreich im Panorama-Restaurant im 29. Stock des **City-Hochhauses** zu Mittag essen.

Auch das Nachmittagsprogramm ist ereignis- und abwechslungsreich: Stadtgeschichte im **Alten Rathaus** am Markt, neue deutsche Geschichte im **Zeitgeschichtlichen Forum**, Rast am Thomaskirchhof mit Blick auf das Denkmal des Thomaskantors Johann Sebastian Bach und die altehrwürdige **Thomaskirche**, in der jeden Freitag um 18 Uhr der berühmte Thomanerchor Motetten singt.

Am Abend lohnt sich der Besuch einer der vielfältigen **Konzert-, Opern-** oder **Theaterveranstaltungen**. Als Abschluss eines schönen Tages bietet sich ein Essen in einem der vielen Restaurants der Innenstadt an, wahlweise eine Tour durch die fröhlich-lauten Lokale des Kneipenviertels **Drallewatsch**. Leipzig kennt übrigens keine Sperrstunde.

1 Wochenende in Leipzig

Freitag Tagesprogramm wie ›Ein Tag in Leipzig‹.

Samstag Vormittags geht es hinaus nach **Plagwitz**, dort Besichtigung großartig umgebauter Industriearchitektur der **ehem. Buntgarnwerke** und der **Alten Baumwollspinnerei**, in der Samstag Vormittag viele Galerien und Künstlerateliers geöffnet sind. Ein Mittagessen im Stelzenhaus hoch über dem **Karl-Heine-Kanal** bietet kulinarischen Genuss und eine schöne Aussicht. Danach führt ein Spaziergang durch den **Clara-Zetkin-Park** – je nach Saison mit Abstecher zur **Galopprennbahn** – und den **Johannapark** durch

das Musikviertel zurück in die Innenstadt – eine Einstimmung auf ein **Orgelkonzert** in der Nikolaikirche oder eine Kantate des **Thomanerchors** (Sa 17 bzw. 15 Uhr) in der Thomaskirche. Am Abend bieten **Varieté** oder ein typisch sächsisches **Kabarett** vergnügliche Unterhaltung. Ausklingen lassen kann man den Tag mit wechselnden Kulissen in der vielfältigen Leipziger Kneipenszene des **Drallewatsch**, des **Schauspielviertels** oder auch im Studentenambiente der **Südvorstadt**.

Sonntag Wie wäre es mit ein wenig Lokalkolorit, beginnend mit einem gemütlichen und reichhaltigen Frühstück in einem der vielen Lokale in der **Gottsched-** oder **Karl-Liebknecht-Straße**? Wenn das Wetter schön

ist, bietet sich ein Ausflug ins hübsche **Muldetal** an, etwa zu einem ausgiebigen Spaziergang von **Grimma** nach **Kaditzsch** mit der **Denkmalschmiede Höfgen.** Bei schlechtem Wetter kann man sich dagegen ausgiebig Zeit für einen Besuch im **Museum der Bildenden Künste** in der Leipziger Innenstadt nehmen. Nach dem Museumsbesuch genießt man Frischluft im **Zoo Leipzig** der mit naturnahen großzügigen Außenanlagen spannende Beobachtungen garantiert. Alternativ führt ein Spazierweg durch das **Rosental** in den Ortsteil **Gohlis** mit seinem kleinen **Schillerhaus** und dem verspielten **Gohliser Schlösschen** im

Stil des Rokoko. Von dort ist es nicht weit zur historischen **Gosenschenke ›Ohne Bedenken‹**, in deren Biergarten man den Leipzig-Besuch bei einem hausgebrauten Weizenbier, der Gose, ausklingen lassen kann.

STASI – Macht und Banalität

Museum in der „Runden Ecke"

Museum: Dittrichring 24,
04109 Leipzig (Cityplan: C8)

Kontakt:
Bürgerkomitee Leipzig e.V.
PF 10 03 45, 04003 Leipzig
Tel.: 0341 96124-43
Fax: 0341 96124-99
E-Mail: mail@runde-ecke-leipzig.de
Internet: www.runde-ecke-leipzig.de

Öffnungszeiten, Führungen:
Geöffnet täglich 10 h – 18 h
Eintritt frei | täglich 15 h öffentliche Führung | Audioführungen auf deutsch, englisch, französisch und italienisch

Samstags 14 h Stadtrundgang „Auf den Spuren der Friedlichen Revolution"
Treffpunkt Nikolaikirche

Bürgerkomitee Leipzig e.V.
für die Auflösung der ehemaligen Staatssicherheit (MfS)

STASI Macht und Banalität

Träger der Gedenkstätte
Museum in der „Runden Ecke" mit dem Museum im Stasi-Bunker

www.runde-ecke-leipzig.de